O ensino de *física* para crianças de 3 a 8 anos

D514e DeVries, Rheta
     O ensino de física para crianças de 3 a 8 anos : uma abordagem construtivista / Rheta DeVries, Christina Sales ; tradução técnica: Marta Rabioglio. – Porto Alegre : Penso, 2013.
     120 p. : il. ; 23x16 cm.

     ISBN 978-85-65848-19-0

     1. Educação. 2. Construtivismo. 3. Ensino – Física. I. Sales, Christina. II. Título.

CDU 37.022:53

Catalogação na publicação: Natascha Helena Franz Hoppen – CRB 10/2150

O ensino de física para crianças de 3 a 8 anos

Uma abordagem construtivista

RHETA DeVRIES
CHRISTINA SALES

Consultoria, supervisão e tradução técnica desta edição:

Marta Rabioglio
Pedagoga e Mestre em Educação pela Faculdade de Educação da USP.

2013

Obra originalmente publicada em língua inglesa por NAEYC sob o título
Ramps and Pathways: A Constructivist Approach to Physics with Young Children, 1st Edition
ISBN 9781928896692
Copyright © Rheta DeVries & Christina Sales, 2011.

Capa
Márcio Monticelli

Leitura final
Lara Frichenbruder Kengeriski e Jonas Stocker

Editora responsável por esta obra
Lívia Allgayer Freitag

Coordenadora editorial
Cláudia Bittencourt

Gerente editorial
Letícia Bispo de Lima

Projeto e editoração
Armazém Digital® Editoração Eletrônica – Roberto Carlos Moreira Vieira

Reservados todos os direitos de publicação, em lígua portuguesa, à
PENSO EDITORA LTDA., uma empresa do GRUPO A EDUCAÇÃO S.A.
Av. Jerônimo de Ornelas, 670 – Santana
90040-340 – Porto Alegre, RS
Fone: (51) 3027-7000 Fax: (51) 3027-7070

É proibida a duplicação ou reprodução deste volume, no todo ou em parte, sob quaisquer formas ou por quaisquer meios (eletrônico, mecânico, gravação, fotocópia, distribuição na Web e outros), sem permissão expressa da Editora.

SÃO PAULO
Av. Embaixador Macedo Soares, 10.735 – Pavilhão 5
Cond. Espace Center – Vila Anastácio
05095-035 – São Paulo, SP
Fone: (11) 3665-1100 Fax: (11) 3667-1333

SAC 0800 703-3444 – www.grupoa.com.br

IMPRESSO NO BRASIL
PRINTED IN BRAZIL

Conhecer um objeto é agir sobre ele e transformá-lo...
Jean Piaget, *Science of Education and the Psychology of the Child*

O desejado é que o professor deixe de ser um conferencista, satisfeito em transmitir soluções prontas; seu papel deveria ser o de um mentor, estimulando iniciativa e pesquisa.
Jean Piaget, *To Understand is to Invent*

Sobre as autoras

Rheta DeVries (*in memoriam*) se aposentou como professora titular na área de currículo e instrução na Universidade de Iowa do Norte (UNI), onde, como diretora do Regent's Center for Early Development Education, liderou o esforço em construir e desenvolver a Escola Freeburg, uma escola de demonstração da educação construtivista. Anteriormente, ocupou cargos de docente na Universidade de Houston, no Instituto Merrill-Palmer e na Universidade de Illinois em Chicago. DeVries recebeu muitos prêmios, incluindo um da Associação Americana de Pesquisa Educacional, por sua significativa contribuição à aplicação de princípios construtivistas na educação, e da UNI e da Universidade de Houston por sua excepcional pesquisa junto ao corpo docente. Entre seus livros estão *Developing Constructivist Curriculum in Early Education: Practical Principles and Activities* (Teachers College Press, 2002), *A Ética na Educação Infantil: O Ambiente Sociomoral na Escola* (Artmed, 1998) e *Jogos em Grupo na Educação Infantil: Implicações da Teoria de Piaget* (Artmed, 2009). Ph.D. em psicologia pela Universidade de Chicago e pós-doutorado pelo Instituto Nacional de Saúde Mental por trabalhar e estudar na Universidade de Genebra, Suíça.

Christina Sales, professora assistente da Universidade de Iowa do Norte, ensinou crianças pequenas por mais de 20 anos. Na UNI, ela ajudou a fundar a Escola Freeburg, onde trabalhou como professora e coordenadora de currículo. Sales deu inúmeras palestras por todo o mundo sobre educação de crianças pequenas, e é coautora do livro *Developing Constructivist Curriculum in Early Education: Practical Principles and Activities* (Teachers College Press, 2002). Atualmente, trabalha com professores, desenvolvendo currículos construtivistas de educação infantil e conduzindo pesquisas sobre atividades de educação infantil. Ed.D. em currículo e instrução, pela UNI.

Agradecimentos

Gostaríamos de agradecer a tantas pessoas, o que seria uma tarefa impossível. A nossa dívida é, em primeiro lugar, com as crianças e os professores da Escola Freeburg, onde funcionou por seis anos o Regent's Center for Early Development Education, na Universidade do Iowa do Norte (corpo docente e funcionários são listados a seguir), quando Rheta era a diretora do Regent's Center.

Agradecemos ao Dr. Thomas Switzer, reitor da Faculdade de Educação, pelo primeiro sonho de construir uma escola. Foi na Escola Freeburg que o trabalho dos professores e das crianças nos convenceu de que as atividades com rampas e caminhos tinham um valor especial para o aprendizado e desenvolvimento das crianças. Professores da Escola Freeburg e outros funcionários da equipe, membros do nosso Conselho de Professores Praticantes, professores que participaram de um projeto piloto da Fundação Nacional de Ciências (National Science Foundation, NSF) e companheiros do Regent's Center contribuíram compartilhando suas experiências, participando de discussões e fornecendo suas experiências em um primeiro rascunho deste livro. A equipe técnica do Regent's Center trabalhou procurando em nossos arquivos de vídeos e fotos exemplos para ilustrar nosso texto. A maioria das fotografias foi tirada por professores e especialistas audiovisuais. Também queremos agradecer à nossa secretária, Theresa Jhonson, e à nossa funcionária, Cathy Pearson.

Estamos em débito com o Departamento de Educação dos Estados Unidos pelas bolsas concedidas, R215K010030 e U215K032257, que deram suporte ao trabalho que levou ao nosso primeiro rascunho, e também à bolsa da Fundação Nacional de Ciências, *Ramps and Pathways: A Constructivist Approach to Teaching Physical Science*, DRL-0628082, que deu suporte a uma revisão.

Nossos agradecimentos também são para a Profa. Dra. Constance Kamii, pelos valiosos comentários críticos em um primeiro rascunho. Agradecimentos especiais a Sharon Doolittle, que nos trouxe a ideia de usar mata-juntas como rampas e caminhos. E, em especial, agradecemos Jeffry Sales por seu suporte durante a escrita deste livro.

Companheiros do Regent's Center for Early Development Education

Dr. Rebecca Edmiaston
Dr. Judy Finkelstein
Dr. Linda May Fitzgerald
Dr. Carolyn Hildebrandt
Dr. Jill Uhlenberg
Dr. Betty Zan

Pesquisadores associados

Kathy Thompson
Sonia Yoshizawa
Rosemary Geiken
Theresa Johnson, Secretária
Diretor da Escola Freeburg
Jeffry Sales

Faculdade da Escola Freeburg

Melissa Anderson
Shirley Bruce
Gloria Galloway
Sherice Hetrick-Ortman
Shari McGhee
Gwen Harmon
Marilyn Luttinen
Beth Van Meeteren
Jane Pearce
Sherri Peterson
Annie Philips
Dr. Annette Swann
Jennifer Ritland, Enfermeira
Head Start Family Worker
Sheila Woods

Alunos da graduação

Dr. Seon Chun
Dr. Peter Koech

Especialistas audiovisuais

Catherine Richey
Seth Vickers
Cathy Pearson, Recepcionista

Outros que deram suporte ao desenvolvimento da Escola Freeburg e a este livro

Doadores do Fundo para a construção da Escola Freeburg
Senador Tom Harkin
Senador Charles Grassley
Deputado Jim Nussle
Dr. Lim Kwak
Dr. Yuko Hashimoto

Apresentação à edição brasileira

É sempre uma grande satisfação apresentar um livro, principalmente quando se trata de um livro como este, que representa uma importante contribuição para a educação de nossas crianças, visto que oferece subsídios teóricos e práticos para a formação de professores construtivistas. Tomei conhecimento dos trabalhos de Rheta DeVries dois anos após ter defendido minha tese de doutoramento, intitulada *A solicitação do meio e a construção das estruturas lógicas elementares da criança*, que deu origem ao Programa de Educação Infantil e de Ensino Fundamental (PROEPRE), de minha autoria e fundamentado na teoria psicogenética de Jean Piaget. Desde então utilizo os resultados de estudos e pesquisas de DeVries e Kamii, visto que compartilhamos do mesmo referencial, isto é, o construtivismo piagetiano, para desenvolver programas de formação continuada de professores que decidem trabalhar com os fundamentos teóricos e a prática pedagógica do PROEPRE.

Neste último livro da autora, publicado nos Estados Unidos em 2011, que se acrescenta a vários outros que divulgam as ideias piagetianas e suas implicações para a educação de crianças, DeVries e Sales argumentam sobre a necessidade de se considerar as ideias "equivocadas", "erradas" e "incorretas" que as crianças pequenas possuem sobre fenômenos das ciências. Quando na escola as crianças expressam essas ideias, as autoras recomendam não dizer a elas se estão certas ou erradas, mas propõem que sejam escolhidos cuidadosamente alguns fenômenos e atividades, para que as crianças possam testá-los e descobrir por si próprias se suas ideias são legítimas ou não. É preciso lembrar que a escola visa primordialmente fazer com que aos alunos aprendam a dar respostas certas. Mas é fundamental para todos que inspiram suas propostas educacionais na teoria de Piaget levar em conta as ideias espontâneas das crianças, quer estejam certas ou não, pois tais ideias correspondem à maneira peculiar pela qual as crianças têm de compreender o mundo físico e social. Aceitar que as crianças possam ter ideias errôneas é uma das principais características da educação construtivista.

Ainda que em geral os professores reconheçam a importância do brincar na educação infantil, muitas vezes lhes faltam argumentos para explicar o valor educacional dessas atividades que parecem "pura brincadeira". Uma das grandes utilidades deste livro é oferecer aos leitores os argumentos teóricos para explicitar o importante papel do brincar no desenvolvimento intelectual e sociomoral das crianças. Frequentemente, algumas pessoas que observam as crianças trabalhando com rampas, rolos, sombras, bolhas de sabão, gangorras podem pensar que elas estão "só brincando". As próprias crianças podem considerar o que estão fazendo como uma brincadeira, porque é prazeroso. No entanto, durante essas atividades, elas se mostram interessadas, criativas, focadas, engajadas intelectual e afetivamente, aprendendo a partir dos seus erros – todas as características do trabalho construtivo recomendado por John Dewey (1913/1975), por Piaget (1948/1973) e outros estudiosos do comportamento infantil. De fato, num programa de educação construtivista, muito do que as pessoas chamam de brincadeira trata-se de trabalho. Essas ideias defendidas pelas autoras permitem que os pais ou responsáveis e também os professores possam ter um novo olhar para as atividades que ocorrem num contexto de ludicidade.

O fato de ter reunido no mesmo texto um sólido referencial teórico para justificar a necessidade de uma prática pedagógica que considera o modo de pensar e agir das crianças e as dimensões cognitivas, afetivas e sociomorais do psiquismo infantil demonstra a importância desta obra para aqueles que estão empenhados em proporcionar uma educação de qualidade que realmente tenha um papel decisivo na formação de seus alunos a fim de que possam se tornar pessoas intelectual e moralmente autônomas tal como propõe Piaget.

Enfim, este livro traz uma grande contribuição aos professores que buscam encontrar maneiras novas de desempenhar um papel no desenvolvimento intelectual, afetivo e sociomoral de seus alunos e deve ser lido por todos os professores que decidiram envidar seus melhores esforços para construir em sala de aula um ambiente propício ao desenvolvimento infantil.

Rheta DeVries e Christina Sales estiveram no Brasil em 2011 a convite da equipe do Laboratório de Psicologia Genética, participando como conferencistas do Seminário "Liberdade para Brincar e Construir o Conhecimento", realizado em abril na UNICAMP. Conviver com essas renomadas pesquisadoras norte-americanas possibilitou que compartilhássemos nossas ideias, nossos trabalhos, nossos ideais; e em apenas alguns dias os laços de amizade que nos uniam se estreitaram e se fortaleceram muitíssimo. Combinamos que neste ano de 2012 nos encontraríamos novamente, pois Rheta e Christina pretendiam voltar ao Brasil para participar de outro evento a ser também promovido pelo LPG/FE/UNICAMP. Infelizmente, em maio passado, Rheta faleceu, deixando seus escritos e seu exemplo de pesquisadora competente e comprometida com a educação construtivista como um grande legado a todos os professores que se interessam por educar suas crianças para que elas tenham interesse e curiosidade de conhecer o mundo físico e social em que vivem, sejam inventivas, criativas e, sobretudo, felizes!

Orly Zucatto Mantovani de Assis
Laboratório de Psicologia Genética
Faculdade de Educação/ UNICAMP

Sumário

Apresentação à edição brasileira xi
Introdução: "Me empresta sua pazinha?" 17

1 Reflexão sobre o raciocínio das crianças
(ou Por que assumimos uma abordagem "construtivista") 29

2 Como fazer ciência física construtivista 41

3 Relações mentais que as crianças podem construir 57

4 Dez princípios de ensino:
Trabalhando com crianças em atividades com rampas e caminhos 77

5 A história de Nani
(ou Um caso em que trabalhar com rampas e caminhos fez a diferença) 111

Referências 115
Índice 119

Introdução
"Me empresta sua pazinha?"

> Durante o horário do parquinho, Erica, uma criança de 4 anos, estava usando uma pazinha para despejar pedrinhas de cascalho em uma calha de plástico comprida, que estava inclinada. O cascalho mal se movia. Sua professora, Sharon Doolittle, estava ao seu lado, despejando-o em uma calha mais curta, a qual estava, portanto, mais inclinada.
>
> Ao notar o cascalho de Sharon, que deslizava rapidamente, fazendo um barulho alto até o final da rampa, Erica também quis produzir esse resultado interessante. Então ela pediu a Sharon: "Me empresta sua pazinha?", e a professora lhe deu. Erica, esperançosamente, a encheu para despejar o cascalho em sua calha, produzindo o mesmo resultado desinteressante de antes.
>
> Enquanto isso, Sharon pegou outra pá e continuou despejando cascalho em sua calha, o qual, novamente, deslizava rapidamente pela rampa íngreme. Erica parou, olhou surpresa para a nova pá de Sharon, e perguntou-lhe mais uma vez: "Me empresta sua pazinha?".

1 O respeito da professora pela ideia (incorreta) de Erica sobre o que faz o cascalho deslizar pela calha a incentiva a se sentir confiante em sua habilidade de raciocinar e experimentar.

Achamos engraçada a ideia da Erica de que se usar a pá da professora o seu cascalho descerá a rampa mais rapidamente. Certamente, ninguém ensinou a ela essa ideia, cientificamente incorreta, que, portanto, deve ser um produto original e espontâneo de seu próprio raciocínio.

Uma ideia deveria ser "errada"?

Entre os educadores de ciências, o debate sobre quando atribuir "pseudoconceitos" ou "ideias incorretas" a crianças mais velhas e adultos levou alguns ao impulso de abandonar esses termos em favor de outros como "preconceitos" e "ideias ingênuas".

Parece-nos que isso constitui um grande esforço em evitar insultar ou desestimular aqueles que estão tentando compreender, mas seu pensamento está cientificamente incorreto. Concordamos com essa sensibilidade em relação aos sentimentos dos estudantes de ciências e professores educadores.

Neste livro, contudo, escolhemos seguir Piaget, escrevendo em termos da criança pequena: ideias "equivocadas", "erradas" e "incorretas" sobre fenômenos das ciências. É claro que não utilizamos esses termos com as crianças. Na realidade, não dizemos a elas se estão certas ou erradas. Escolhemos cuidadosamente alguns fenômenos e atividades, para que as crianças possam testá-los e descobrir por si próprias se suas ideias estão ou não corretas.

Todos nós já observamos esse tipo de pensamento em crianças pequenas. Ocasiões como essa frequentemente se tornam parte do repertório familiar. Por exemplo, parentes da Rheta se deleitam contando a história de uma viagem em família para a caverna Diamond em Arkansas. Os tetos baixos da caverna obrigavam os adultos a andarem curvados, e todos riram quando Rheta, com apenas 3 anos, se curvou também! Na família Sales, a história favorita é sobre Matthew, de 2 anos, que estava animado para as férias, quando fariam uma "caminhada" (*hike*). Ao chegarem ao Rocky Mountain National Park, porém, os pais, Christina e Jeffry, ficaram confusos quando o filho perguntou: "Cadê o futebol?". Acabaram percebendo que tudo o que Matthew conhecia sobre *hike* foi o que aprendeu jogando futebol com o seu pai!*

Assim como os pequenos Rheta e Matthew, todas as crianças utilizam o que já aprenderam, somando ao que observam durante o percurso de descobrir como as coisas funcionam, para chegar a conclusões que nós adultos – com nossos maiores conhecimentos e experiência – sabemos ser incorretas ou equivocadas. Erica, ao tentar resolver um problema que encontrou em seu mundo físico, concluiu que as pazinhas afetam a maneira como o cascalho irá se mover. Rheta, observando o comportamento dos adultos, concluiu que as cavernas exigem que se ande curvado. Matthew, com seu conhecimento verbal limitado, concluiu que jogaria seu esporte favorito durante as férias.

Com certeza, queremos que as crianças adquiram conhecimento correto e estejam aptas a usá-lo; contudo, não podemos ignorar seus vários equívocos. Ideias errôneas próprias das crianças são importantes porque as levam a alcançar as ideias corretas. Todos nós, adultos ou crianças, sabemos melhor e de forma mais sólida o que é correto quando também sabemos o que não é correto.

---

* N. de R.: *Hike* também é um termo típico do futebol americano.

Crianças diferentes formam ideias erradas diferentes. Professores que respeitam os esforços da criança para compreender suas experiências com objetos físicos, conseguem intervir de forma a criar possibilidades para as crianças corrigirem alguns equívocos. Quando as crianças observam fenômenos físicos que contradizem seus equívocos, elas têm a oportunidade de começar a mudar suas ideias. Notando o interesse de Erica, sua professora ofereceu mais atividades com rampas em sala de aula, o que deu a ela a oportunidade de experimentar, pensar mais profundamente sobre a descida de objetos por rampas e acabar por transformar seu pensamento, incluindo a compreensão do efeito que a inclinação causa em como o cascalho escorrega.

Se Sharon tivesse meramente mostrado ou contado à Erica como posicionar sua calha, ela lhe teria tirado essa importantíssima oportunidade de descobrir por si própria. E, apenas seguindo as instruções de sua professora, Erica certamente não teria entendido porque uma rampa mais íngreme funciona melhor. Se Sharon tivesse desdenhado da divertida ideia de Erica sobre as pazinhas, ela teria se sentido constrangida e envergonhada, assim como a pequena Rheta se sentiu na caverna Diamond quando não entendeu porque todos estavam rindo dela. Se a professora tivesse contado a Erica que trocar de pá não iria funcionar ou tivesse resolvido o problema por ela, sua confiança em sua própria habilidade de raciocinar provavelmente teria sido abalada. Em vez de reagir de alguma dessas formas, Sharon respeitou a ideia de Erica sobre a pá e cooperou com ela experimentando-a, para que, dessa forma, a própria criança pudesse ver que a sua ideia incorreta não funcionou. Todos somos mais suscetíveis a nos abrir para outras possibilidades quando descobrimos por nós mesmos que as nossas ideias estão incorretas.

Certamente, alguns conhecimentos são ensinados de forma apropriada quando se explica verbalmente algo às crianças. Matthew, por exemplo, corrige seu equívoco uma vez que seus pais explicam que a palavra *hike* tem vários significados. Mas, como constru-

Construtivistas acreditam que as crianças "constroem" seu conhecimento de mundo por meio de um processo dinâmico de criação, testes e aperfeiçoamento de suas próprias ideias sobre como as coisas funcionam.

tivistas, acreditamos que o conhecimento do mundo físico é melhor adquirido por meio de experiências diretas, pelas quais as crianças, assim como Erica, podem formar ideias, experimentá-las, observar os resultados, revisar suas ideias iniciais, experimentá-las novamente, e assim por diante. A maioria dos currículos de ciências aplicados em classes de educação infantil inclui alguns tipos de atividades "manuais". Porém, poucos são criados para engajar profundamente as crianças em raciocinar sobre objetos físicos e fenômenos – ou seja, para que as crianças experimentem suas próprias ideias. Frequentemente, também, há tópicos de ciências limitados a uma faixa etária específica, sem tempo de serem revisitados posteriormente.

Em contrapartida, as atividades que intitulamos "rampas e caminhos" são designadas para serem usadas ao longo de uma ampla faixa etária e diferentes níveis de desenvolvimento. Neste livro, descrevemos como os professores podem levar seus estudantes a construir e aprofundar constantemente o conhecimento prático sobre força e movimento, ao longo de vários anos. Descrevemos o que o psicólogo do desenvolvimento Jean Piaget denominou de a "forma indireta" como as crianças nos mostram que precisam trilhar, a fim de investigar verdades científicas.

A HISTÓRIA DE *O ENSINO DE FÍSICA PARA CRIANÇAS DE 3 A 8 ANOS*

Este livro tem suas raízes no esforço de resgatar a pesquisa e teoria de Piaget sobre como as crianças aprendem e se desenvolvem por suas implicações, com respeito a práticas de ensino. A história de *O Ensino de Física para Crianças de 3 a 8 Anos* começa nos anos de 1970 com o trabalho de Rheta DeVries em colaboração com Constance Kamii e professores da Universidade de Illinois na Chicago's Child Care Center. A partir do trabalho de Piaget, traçamos a ideia de atividades de *conhecimento físico*, nas quais as crianças fazem experimentações com objetos e fenômenos relacionados a eles. Uma das várias atividades que experimentamos em sala de aula e sobre a qual escrevemos em nosso livro *Physical Knowledge in Preschool Education: Implications of Piaget's Theory* (Kamii e DeVries, 1978/1993) foi chamada "declives".

Esse trabalho inspirou Christina Sales, no começo de 1990, a experimentar atividades de conhecimento físico em sua classe de educação infantil, em Plainfield, Iowa. Em 1993, quando Rheta se tornou diretora do Regent's Center for Early Developmental Education na Universidade de Iowa do Norte, conheceu Christina e imediatamente a recrutou como sua assistente de pós-graduação e, mais tarde, associada de pesquisa, professora do Freeburg e coordenadora de currículo do Freeburg. Durante visitas à classe de Christina, discutimos o modo de raciocinar das crianças em várias atividades de conhecimento físico, incluindo "declives".

Quando o Regent's Center formou seu primeiro Conselho de Professores Praticantes (Teacher Practitioner Council – TPC), em 1998, atividades com declives estavam entre as que eram partilhadas com o grupo. Subsequentemente, um dos membros do TPC, Sharon Doolittle, começou, em 1998, a usar declives em sua sala de educação infantil, em Prairie City, Iowa. Enquanto folheava um antigo material (Gilbert, 1984), Sharon notou uma fotografia e uma breve descrição de uma atividade com declive (rampa) usando uma mata-junta estreita com 30 cm de comprimento, esponjas como suportes, carrinhos e outros objetos para descer a ladeira.

Sharon estava inspirada em desenvolver essa ideia, fazendo uso dos princípios de ensino sugeridos em *Physical Knowledge in Preschool Education* (como, p. ex., encorajando a iniciativa da criança, intervindo de forma a promover o raciocínio, etc.). Sharon compartilhou conosco a ideia de usar mata-juntas como rampa. Christina, que estava ensinando em uma sala de aula *iniciante* com o coprofessor Gwen Harmon, expandiu essa atividade usando mata-juntas de variados tamanhos, até 1,20 m de comprimento. Ficamos emocionados ao ver a animação e profundo engajamento das crianças conforme experimentavam suas próprias ideias.

Em 2001, o Regent's Center e a Faculdade de Educação da Universidade de Iowa do Norte construíram e fundaram a Escola Freeburg, uma escola-laboratório para crianças de 3 a 8 anos. Ela ficava localizada em um bairro pobre de Waterloo, Iowa. Na escola, 85 a 90% das crianças eram aceitas para receber almoço grátis, e mais de 70% delas eram afro-americanas.

De 2001 a 2007, fizemos parte de um grupo formado por professores, educadores especiais, especialistas em educação infantil, música, arte, ciência, aconselhamento, psicologia do desenvolvimento e comunicação, associados de pesquisa, assistentes de pós-graduação, administradores, trabalhadores domésticos e trabalhadores religiosos que desenvolveram e implementaram uma demonstração de educação construtivista. As atividades com rampas e caminhos eram parte de um programa científico construtivista para crianças e para o desenvolvimento profissional de professores. Esse programa incluía, finalmente, atividades de dinâmica com água, ar, som, movimento circular, bolhas, culinária, entre outras.

Conforme as crianças da Escola Freeburg trabalhavam com rampas e caminhos, nos convencemos de que não eram só elas que estavam aprendendo sobre a física do movimento, nós também estávamos! As crianças criavam estruturas cada vez mais complexas que nos surpreendiam. A animação tomava conta da escola conforme os professores chamavam todos para irem ver o que as crianças tinham construído. Com o passar do tempo, percebemos a riqueza das atividades com rampas e caminhos e começamos a compartilhá-las com outros educadores, em âmbito local, nacional e internacional.

Assim que aprendemos mais, decidimos escrever um livro para professores que mostraria como uma atividade construtivista sobre física, com rampas e caminhos, pode aju-

O trabalho com rampas e caminhos financiado pela Fundação Nacional de Ciências continua sendo desenvolvido no Regent's Center da Universidade de Iowa do Norte. Para mais informações, visite o *site* da Universidade de Educação: www.uni.edu/coe/

dar as crianças a aprender sobre movimento e força em um nível prático, para que mais tarde possam entender melhor essas ideias científicas, em um nível conceitual. Fundos do Departamento de Educação dos Estados Unidos sustentaram o primeiro rascunho de um manuscrito, além da implementação do programa demonstrativo na Escola Freeburg. A revisão do manuscrito foi bancada por uma doação da Fundação Nacional de Ciências, a qual também sustentou um trabalho profissional de desenvolvimento com rampas e caminhos, nos permitindo convidar o físico e professor de ciências Lawrence Escalada a se juntar ao nosso grupo e enriquecer nosso conhecimento sobre as leis do movimento. Este livro apresenta alguns dos resultados das pesquisas dos professores em sala de aula com rampas e caminhos, conduzidas majoritariamente na Escola Freeburg.

SOBRE O LIVRO

Este é um livro que trata do movimento de bolinhas de gude e outros objetos ao longo de segmentos de trajetos que chamamos de "caminhos", incluindo caminhos inclinados, que chamamos de "rampas".

O livro se soma ao conjunto de trabalhos sobre educação construtivista na educação infantil que vêm sendo desenvolvidos há 40 anos. Ele estende o trabalho com atividades de conhecimento físico, que começou com *Physical Knowledge in Preschool Education* e continuou em *Developing Constructivist Early Childhood Curriculum: Practical Principles and Activities* (DeVries et al., 2002). O livro reflete o trabalho de crianças e professores com as atividades com rampas e caminhos em salas de aula construtivistas. A teoria de Piaget sobre como as crianças "constroem" conhecimento e inteligência iluminou esses relatos de práticas. Ela mostra como os *professores podem pensar sobre o raciocínio das crianças* no contexto da sala de aula – uma característica que distingue o ensino construtivista.

No Capítulo 1, explicamos o que queremos dizer com uma abordagem "construtivista" no ensino, e então discutimos como as experiências com as atividades com rampas e caminhos promovem o desenvolvimento da inteligência e do conhecimento. No Capítulo 2, descrevemos a educação construtivista de ciência física. No Capítulo 3, focamos nas "relações mentais" da física do movimento que as crianças têm possibilidade de estabelecer durante atividades com rampas e caminhos. Como trabalhar com as crianças ao longo dessas atividades é o tópico do Capítulo 4, nos princípios de ensino.

Professores que consideram importante a criança brincar e explorar, mas têm dificuldade em explicar o valor educacional dessas atividades, irão encontrar na base teórica (lógica) deste livro bastante utilidade. Algumas pessoas que observam as crianças trabalhando com as rampas devem pensar que elas estão "só brincando". As próprias crianças devem ver o que estão fazendo como uma brincadeira, porque é prazeroso. No entanto, vemos as crianças durante essas atividades como interessadas, focadas, engajadas intelectual e emocionalmente e aprendendo a partir dos seus erros – todas as características do trabalho produtivo recomendado por John Dewey (1913/1975), assim como por Piaget (1948/1973). De fato, muito do que as pessoas chamam de brincadeira, Piaget chamava de trabalho.

Embora ofereçamos sugestões práticas para o uso das atividades com rampas com as crianças, não temos a intenção de apresentá-las como receitas a serem seguidas. Mais do que isso, esperamos que os professores encontrem ingredientes que inspirem as suas próprias experimentações em sala de aula. Grupos de estudo podem querer usar o livro como um foco para discussões sobre as suas próprias experimentações.

Enfim, queremos enfatizar que as crianças precisam de tempo e experiência para obter o benefício completo das atividades com rampas (assim como de qualquer outra atividade sobre conhecimento físico). Alguns exemplos neste livro podem levar os professores a esperar que o conhecimento sobre rampas das crianças se desenvolva rapidamente. Pelo contrário! As crianças que constroem as estruturas mais complexas que descrevemos tiveram anos de experiência. Seja paciente. A maioria das crianças experimenta os mesmos problemas sobre força, movimento e coisas do gênero por algum tempo antes de construir um conhecimento complexo sobre o fenômeno. Esperar muitos resultados muito cedo pode interferir no processo das crianças de testar suas várias ideias, corretas e incorretas. Por outro lado, se as crianças não experimentarem nada novo por conta própria, o professor deve interferir com perguntas, sugestões ou desafios para estimular seu interesse e encorajar mais experimentações.

Como você verá no Capítulo 1, somente por meio do trabalho para resolver problemas interessantes as crianças poderão construir seu conhecimento do mundo físico.

> Dê aos pupilos algo para fazer, não algo para aprender. O fazer é da mesma natureza que o exigir raciocínio, resultando naturalmente em aprendizado.
>
> *John Dewey, filósofo e reformador de educação.*

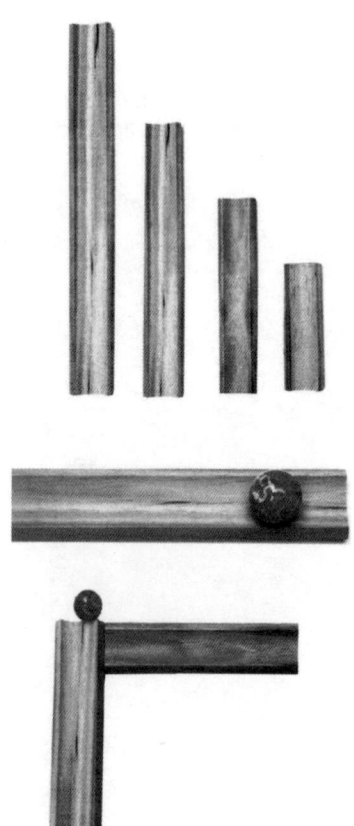

MATERIAIS PARA AS RAMPAS

Este livro foca em um tipo específico de material para as atividades com rampas e caminhos que consideramos particularmente interessante para as crianças: pedaços de mata-junta, com cerca de 5 cm de largura, segmentado em comprimentos de 30, 60, 90 e 120 cm.

Mata-junta. É um acabamento em madeira decorativo usado para esconder a linha de junção entre o teto e a parede pelo perímetro de uma sala, que pode ser comprado em lojas de material de construção. O modelo específico de mata-junta sobre o qual falamos neste livro tem a parte de trás plana e um único sulco no centro. Essa concavidade forma um caminho já pronto e que sugere continuidade. Outros materiais para rampas e caminhos bastante úteis são segmentos de calhas de plástico, como o usado por Erica, tubos transparentes flexíveis de tamanhos e diâmetros variados, e mata-juntas mais largas ou mais estreitas.[*]

Uma abordagem construtivista enfatiza que os materiais devem intrigar as crianças e inspirar ideias sobre o que fazer com eles. Esse material versátil atrai as crianças (assim como os adultos) ao longo de uma larga faixa etária e de diferentes níveis de desenvolvimento. As crianças acham que a construção de rampas e caminhos com mata-junta é fascinante durante tantos anos porque esse material permite desafios com estruturas cada vez mais complexas.

---

[*] N. de T.: Outro material possível e barato, facilmente encontrado em estabelecimentos que comercializam materiais elétricos, é a canaleta ou cantoneira plástica, usada para esconder fios quando passam por fora das paredes. Há também a possibilidade de se usar pedaços de rodapé.

A mata-junta pode deslizar e escorregar facilmente, por isso usar forro de borracha ou uma espuma plana embaixo dos segmentos de rampa ajudam a segurá-la no lugar.

Espaço adequado. O trabalho com rampas requer espaço suficiente para que várias crianças construam ao mesmo tempo. O quanto é exigido de espaço também depende do tamanho total das estruturas que estão sendo construídas pelas crianças. Professores da Escola Freeburg notaram que geralmente as crianças começam experimentando sozinhas, com apenas um segmento de rampa, o que ocupa pouco espaço. Então elas começam a construir juntas, fazendo rampas longas e estreitas, conectando um único segmento inclinado a vários outros segmentos, no chão. Mais tarde, quando desafiadas pelos professores, crianças mais velhas constroem caminhos com vários andares, em áreas delimitadas por fitas (como pode ser visto na Fotografia 22, no Capítulo 3).

Já trabalhamos com professores que lidam com espaços limitados permitindo que as crianças construam sobre e embaixo de mesas, em prateleiras e atrás de móveis pelo perímetro da sala. Quando possível, arranjos que permitam que as crianças trabalhem com suas estruturas e as aproveitem por mais de um dia são ideais. Se os materiais precisam ser guardados, os professores podem tirar fotografias para mostrar às crianças como recriar sua estrutura mais tarde.

Variáveis. Uma grande variedade de *suportes* para serem usados para apoiar as rampas em ângulos determinados, diferentes *objetos* para escorregar pelas rampas e atravessar os caminhos, e comprimentos diferentes de mata-junta oferecem às crianças oportunidades de experimentar e possibilidades de construir relações mentais (conhecimento) envolvendo essas e outras "variáveis" quanto à *inclinação, conexões, objetivos* e *desenhos dos caminhos*, conforme será discutido no Capítulo 3. Muitas salas de aula já possuem uma série de blocos que podem ser combinados com mata-junta, formando uma estrutura ou rampa. Frequentemente as crianças têm ideias que nunca ocorreriam a um adulto, como

o uso de móveis e outros objetos da sala de aula como suportes. Geralmente, as crianças utilizam o que quer que tenham em mãos. Na Escola Freeburg, elas usavam prateleiras, mesas, cadeiras e até puxadores de gaveta como suporte.

* * *

Nossas sugestões de materiais não se exaurem, pois a nossa proposta aqui é simplesmente ajudar os professores a começar a trabalhar com atividades com rampas, que poderão ser estendidas de inúmeras formas. Professores inventivos estão sempre procurando materiais que irão apresentar às crianças novas possibilidades para aprofundar seu conhecimento e entendimento. Algumas vezes as próprias crianças encontram objetos na sala de aula que ampliam as suas experimentações. Professores e crianças se empolgam com a ideia de experimentar materiais novos e desafiadores ou maneiras novas de usar materiais antigos.

1 Reflexão sobre o raciocínio das crianças

(ou Por que assumimos uma abordagem "construtivista")

A educação construtivista tem esse nome com base na teoria do psicólogo suíço Jean Piaget chamada *construtivismo*. A partir de sua pesquisa, ele concluiu que as crianças criam – "constroem" – ativamente conhecimento sobre o mundo físico a partir de suas experiências, quando vão além do que já sabem. A conclusão de Piaget é agora aceita no campo da educação infantil (ver, p. ex., Bredekamp, 1987, Bredekamp e Copple, 1997). Frequentemente, lemos ou ouvimos dizer que "as crianças constroem conhecimento". Neste capítulo, queremos aprofundar o significado dessa afirmação, tratando mais especificamente sobre *que tipo de* conhecimento as crianças constroem e *como* o constroem durante atividades construtivistas em sala de aula.

UM PROCESSO DE CONSTRUÇÃO

"Construir" conhecimento sobre o mundo físico significa que a criança está criando, testando e refinando ativamente suas próprias ideias, espontâneas e originais, sobre como as coisas funcionam. Voltando ao exemplo inicial, o esforço de Erica para resolver seu problema com o cascalho que não escorregava pela calha é um pequeno exemplo do processo construtivista.

Ao observar Sharon, Erica sabe que o cascalho na calha de sua professora está deslizando mais rápido que na sua própria calha. Porém, ela não sabe como fazer para que seu cascalho se movimente daquela maneira. Em um esforço mental ativo para resolver essa situação, Erica foca nas pazinhas que escavam e despejam o cascalho.

Quando ela pede à professora para trocar as pás, demonstra que já construiu certo conhecimento sobre como o mundo funciona. Erica entende corretamente que, para atingir um resultado *diferente*, ela precisa mudar alguma coisa no que está fazendo *atualmente*. A ideia dela é que precisa mudar a pazinha. Isto é, ela cria uma *hipótese* de que a pá que está usando para despejar cascalho afeta na velocidade com que ele desce pela calha. Ela testa a sua hipótese (a qual está errada: pás não têm nenhum efeito sobre a velocidade com a qual o cascalho se movimenta). Não convencida com o resultado insatisfatório, Erica testa a sua hipótese errônea uma segunda vez: "Me empresta sua pazinha?".

Essa hipótese sobre as pás e o movimento do cascalho é original à Erica (e talvez nova ao mundo!). Não é uma ideia que lhe foi ensinada pela professora ou por seus pais. Então, como ela chegou a essa hipótese? Só podemos especular sobre o seu raciocínio: já que a pá usada entra em contato com o cascalho, Erica levanta a hipótese de que é ela que deve causar o movimento deste calha abaixo.

A construção de conhecimentos pelas crianças é um processo ativo e complexo, no qual seu conhecimento sobre o mundo é dinâmico, ou seja, está em constante mudança. Em qualquer ponto, o entendimento da criança irá incluir ideias corretas ("É possível fazer o cascalho escorregar rapidamente pela calha de forma a cair em seu final" e "Eu tenho de mudar algo para conseguir atingir um resultado diferente"), assim como ideias incorretas ("O que eu devo mudar é a ferramenta que despeja o cascalho"). Entender que as crian-

Hipótese
Uma ideia ou suposição sobre como algo funciona, antes de essa ideia ser testada.

ças constroem conhecimento significa que os professores tentam compreender o que as crianças estão pensando no contexto das atividades em sala de aula – uma característica distintiva do ensino construtivista.

A evidência de que as crianças constroem conhecimento sobre o mundo físico é que elas aparecem com muitas ideias que nunca lhes foram ensinadas sobre objetos físicos e fenômenos por eles causados. Por exemplo, durante as atividades com rampas e caminhos, frequentemente vemos crianças pequenas colocando um pedaço de mata-junta no chão, depois uma bola de gude sobre ele e então encaram esperançosamente, esperando que a bolinha se mova (Fotografia 3).

Considere outro exemplo de ideias espontâneas das crianças sobre o mundo físico:

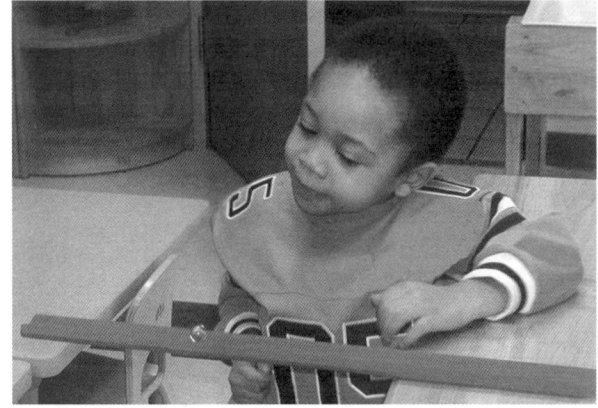

> Josh, de 3 anos, que não compreende a necessidade de inclinação para o movimento das bolinhas de gude, tenta fazer uma delas subir uma rampa simplesmente colocando-a sobre a mata-junta e liberando-a. Ele cria várias hipóteses diferentes para conseguir fazer com que a bolinha role para cima, incluindo girar a segmento de rampa em 180 graus.
>
> Em outro dia, Josh vê uma grande bola de gude rolar até o final de um segmento de rampa que está quase nivelado. Porém, ao tentar fazer o mesmo com uma bolinha pequena, ela permanece sem se mover. Intrigado com essa falta de movimento, ele experimenta acrescentar mais bolinhas atrás da primeira, uma de cada vez, criando uma longa fila no sulco do segmento de rampa. Sentindo-se insatisfeito quando elas

3 **Seth posicionou um segmento de mata-junta de forma a ficar nivelado. Sua expectativa de que a bolinha de gude irá se movimentar por conta própria está clara por sua expressão facial, linguagem corporal e pela quantidade de tempo que fica assistindo e esperando que algo aconteça.**

> também não apresentam nenhum movimento, ele coloca a bola de gude grande atrás de todas as outras (hipotetizando que a bola que se moveu no começo faria as bolinhas pequenas se movimentarem naquele momento) e parece surpreso quando vê que a bola de gude grande falhou ao empurrar as bolinhas menores.

Esses tipos de comportamento indicam as ideias originais e frequentemente incorretas das crianças sobre o mundo físico. Essas expectativas errôneas sustentam a conclusão de Piaget de que as crianças pequenas raciocinam de forma ímpar, se comparado a como o fazem crianças maiores e adultos. As crianças menores não têm apenas *menos* conhecimento que os adultos e as crianças mais velhas. A diferença é que elas vivem o mundo e o experimentam de uma tal maneira que seu conhecimento difere tanto em *qualidade* quanto em *quantidade*. Por exemplo, Erica ainda não sabia que é a inclinação da calha que afeta o movimento do cascalho; ela conclui por conta própria e incorretamente que é a *pazinha* que faz a diferença!

Revelando ideias equivocadas[*]

Pesquisando acerca do raciocínio das crianças, Piaget e muitos outros psicólogos descobriram que crianças pequenas geralmente possuem várias ideias erradas sobre como o mundo físico funciona. Algumas vezes esses equívocos surgem quando a criança não consegue ob-

---

[*] N. de R.T: Piaget usava o termo *pseudoconceitos*.

servar o movimento ou a reação de um objeto. Por exemplo, Piaget (1971/1974) estudou as ideias das crianças sobre o que faz a última bolinha de gude em uma fila se afastar quando a primeira da fila é lançada de forma a atingir a segunda. Ele notou que, enquanto as crianças conseguem efetivamente observar a última bolinha se movendo, elas não conseguem observar a força do impacto passando da primeira bolinha para a segunda, da segunda para a terceira, e assim por diante, até o fim da fila. Para saber que essa transmissão interna de forças ocorre, as crianças teriam que fazer uma *dedução*, indo além do que elas podem ver, de que aquela transmissão deveria necessariamente estar acontecendo. As crianças pequenas, no entanto, ainda não são mentalmente capazes de realizar essa dedução lógica.

É impossível contestar as crenças de uma criança pequena sobre algo que não é observável. Por exemplo, algumas crianças menores (de 3 a 5 anos) acreditam que suas sombras são objetos permanentes que entraram nelas ou fugiram daquele espaço quando não podem ser vistas (DeVries, 1986; DeVries e Kohlberg, 1987/1990). Da mesma forma, como não podem ver a evaporação conforme ela acontece (conforme o líquido se transforma em gás), muitas crianças pequenas acreditam que é uma mágica que faz com que a água desapareça. Elas não podem testar essas crenças, nem experimentá-las para ver o que acontece. Dessa forma, não podem modificar suas crenças (até mais tarde em seu desenvolvimento, quando se tornam capazes de raciocinar logicamente sobre coisas que não são observáveis).

Por esse motivo, recomendamos atividades de física, nas quais as crianças pequenas conseguem fazer os objetos mudarem ou se movimentarem de maneira observável. Quando os professores incentivam experimentações com objetos como rampas e bolinhas de gude, as crianças têm oportunidades de testar suas ideias, observar os resultados e formar conclusões a partir de suas observações. Por exemplo, na introdução, quando Erica usa a pazinha de sua professora para despejar cascalho em sua calha, que está menos inclinada, ela consegue claramente observar como o cascalho se movimenta (ou não se movimenta,

Dedução
Uma conclusão a qual se chega pelo raciocínio, em vez de observação direta.

naquela circunstância). Ela é capaz de comparar a sua expectativa ("trocar a pá fará com que meu cascalho se movimente mais rápido") com o que realmente acontece.

Quando as expectativas das crianças não são correspondidas, os professores podem, geralmente, observar surpresa, perplexidade ou desapontamento em seus rostos ou linguagem corporal, ou podem ouvir em suas vozes. Esses sentimentos podem estimular a criança a experimentar mais e tentar descobrir como obter êxito. Quando objetos reagem de formas inesperadas (p. ex., quando o cascalho de Erica não desliza fazendo barulho ou rapidamente ao longo da calha), tal experiência oferece às crianças uma base para experimentações futuras.

Portanto, um professor construtivista incentiva explicitamente as crianças a experimentar aquilo que ele, como professor, sabe ser uma ideia incorreta. Por que isso? Dessa forma, a criança irá experimentar contradições entre suas ideias erradas sobre os objetos e os resultados observáveis do experimento. Experiências observáveis com os objetos são o que acabam por convencer a criança a descartar um equívoco e experimentar outras ideias. Por esse motivo que a professora de Erica não corrigiu a sua ideia sobre as pazinhas; em vez disso, cooperou com a iniciativa da criança de testar o que Sharon sabe ser uma hipótese incorreta. Quando um professor respeita o raciocínio próprio da criança, lhe dando a chance de testar e aperfeiçoar suas ideias incorretas por si própria, ela fica mais propensa a corrigir seus equívocos.

Conhecimento social ou convencional *versus* conhecimento físico

Vários educadores (não construtivistas) supõem que, quando as crianças cometem erros, o professor responsável deve mostrar ou contar a elas o que seria o correto. Entretanto, partindo de uma perspectiva construtivista, esse tipo de abordagem é necessário, e produtivo, somente quando o erro da criança envolve um conhecimento que é "convencional". O termo *conhecimento social ou convencional* se refere a informações que são arbitrárias – isto é, a sociedade simplesmente entrou em acordo que algo é aquilo, e pronto. Por exemplo, "Chamamos aquilo de *bloco*", "O Ano Novo é dia 1º de janeiro", "O vermelho significa *pare!*". Lembra-se do pequeno Matthew na introdução? Seu erro foi pensar que a palavra *hike* sempre está ligada ao futebol; seus pais forneceram o conhecimento convencional de que a palavra também significa "fazer caminhadas em lugares ao ar livre".

Piaget (1964; 1969/1970; 1971/1974) também discutiu sobre o *conhecimento físico* – isto é, conhecimento sobre o mundo físico que *somente* pode ser adquirido por meio de experimentações ativas com objetos. Assim, simplesmente mostrar ou falar para a criança sobre o mundo físico frequentemente resulta em uma forma de raciocínio ou memorização confusa e sem nenhuma compreensão. Uma professora construtivista do 1º ano do ensino fundamental, Beth Van Meeteren, viveu essa situação quando ensinava em um programa de férias para crianças identificadas como "talentosas e dotadas": algumas crianças haviam decorado definições para palavras como *inércia*... Mas, ao construírem rampas que levavam a caminhos em zigue-zague, ficaram surpresas ao ver que as bolinhas de gude voavam para fora do caminho na primeira curva (ver Fotografia 4).

A memorização pode satisfazer requisitos de testes padronizados. No entanto, ela pode também enganar os professores (e até mesmo as próprias crianças) levando-os a supor que a criança compreende con-

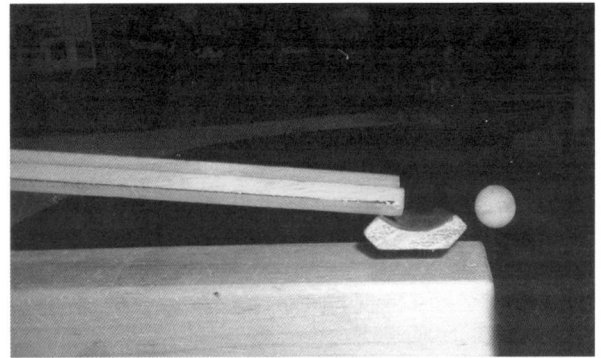

4 Quando as crianças se deparam com objetos que se comportam como esta bolinha de madeira, estão experimentando a Primeira Lei de Newton sobre movimento: que um objeto em repouso permanece em repouso, enquanto um objeto em movimento permanece em movimento com a mesma velocidade e direção, a menos que uma força em desequilíbrio aja sobre ele.

ceitos científicos. Piaget denominou esse tipo de aprendizado por memorização de "verniz escolar", e sua preocupação era de que ele ocultava o que as crianças realmente pensavam.

Valorizando pseudoconceitos

O professor construtivista valoriza o raciocínio da criança e a incentiva a testar suas ideias equivocadas. Este é um aspecto revolucionário e frequentemente mal compreendido da educação construtivista. A valorização de equívocos contraria o senso comum, a intuição, e a abordagem clássica de ensinar fatos corretos *mostrando* e *contando* às crianças. Piaget (1948/1973, p. 105-106) detalhou o seu ponto de vista em uma afirmação famosa:

> O objetivo da educação intelectual não é saber como repetir ou reter verdades prontas (uma verdade que é falada é apenas uma meia verdade). [O objetivo] é aprender a dominar a verdade por si mesmo, com o risco de perder muito tempo e de passar por todas as maneiras indiretas que são inerentes à atividade real.

Quando as ideias das crianças – corretas e incorretas – são respeitadas, elas se sentem confiantes sobre as suas habilidades de raciocinar e experimentar. Ao contrário, se as crianças são avisadas de que suas ideias estão erradas:

- podem se sentir humilhadas e farão todo esforço para não revelar nada sobre o que pensam de novo ou diferente;
- podem não acreditar no professor, secretamente se prendendo à ideia (incorreta) que faz sentido para elas;

A primeira tarefa de um professor construtivista é estabelecer uma atmosfera *cooperativa*, o que significa respeitar a forma como as crianças pequenas pensam e como transformam seu raciocínio, criando novas relações mentais.

- podem acreditar no professor, mas não entender o porquê, concluindo que devem olhar para as outras crianças para obter ideias corretas ou aceitáveis;
- podem chegar a se considerar incapazes de ter boas ideias e então tendem a desistir facilmente.

Crianças que se sentem emocionalmente seguras e competentes desejam honestamente compartilhar suas ideias (aprofundaremos o assunto no Capítulo 2). Esse tipo de ambiente as incentiva a criar, testar e revisar o conhecimento que estão construindo continuamente. De acordo com Piaget, um entendimento verdadeiro do mundo físico é uma "conquista progressiva" que pode levar vários anos de exercício mental.

CONSTRUÇÃO DE CONHECIMENTO E INTELIGÊNCIA

Piaget definiu *inteligência* como o mecanismo de fazer sentido, pelo qual uma pessoa organiza as suas experiências. Para ir além do mero fato de que as crianças constroem conhecimento, é necessário saber que Piaget definiu sua teoria construtivista como uma "teoria de inteligência ou de conhecimento" (Piaget e Garcia, 1983/1989, p. 184). Ao usar a palavra *ou* em vez de *e*, Piaget estava dizendo que os dois aspectos (inteligência, conhecimento) não podem ser separados nas experiências de uma pessoa. A inteligência não pode atuar sem o conteúdo do conhecimento; e o conteúdo do conhecimento deve ser organizado pela inteligência.

Desse modo, construtivistas veem a inteligência e o conhecimento como os dois lados de uma mesma moeda – aspectos da mente inseparáveis. O conteúdo do conhecimento (o *o que*), no qual frequentemente os educadores mais focam é apenas um lado da moeda.

O outro lado é a inteligência (a *organização mental do conhecimento*) – isto é, o processo dinâmico do aprendizado. Desse ponto de vista, portanto, o aprendizado é considerado por duas perspectivas complementares: uma de inteligência e a outra de conhecimento. Conforme uma pessoa constrói uma, também estará construindo a outra.

Construção do conhecimento

Na teoria de Piaget, crianças pequenas constroem seu conhecimento sobre o mundo físico criando, testando e aperfeiçoando ideias sobre os objetos e seus fenômenos. O produto desse processo é o que Piaget chamou de *relação mental* – que significa uma conexão mental entre uma coisa e outra coisa, que a criança (ou o adulto) cria para organizar e assim dar sentido às suas experiências.

Por exemplo, uma criança que rola algumas bolinhas de gude em um piso cerâmico e outras em carpete deve criar uma relação mental entre a *textura* do chão e a *distância* que a bolinha rolará após atingir o final da rampa. O que na verdade ela pensa é provavelmente algo como "na cerâmica, que é lisa, a bolinha percorre um caminho longo, enquanto no carpete, que não é liso, ela rola apenas um pouco. A bolinha rola mais longe em um piso liso". Ela aprendeu algo sobre o movimento das bolas de gude (conhecimento).

Outra maneira de dizer isso é que a criação de uma relação mental na ciência é a vinculação de variáveis – onde uma *variável* é algo que pode ser mudado. No exemplo acima, textura e distância são as variáveis. Assim, a criança deve chegar a entender que, se mudar a superfície pela qual a bolinha rola, mudará o quão longe ela vai.

Tal compreensão (p. ex., sobre o movimento das bolinhas de gude) é o lado *o que* da moeda – conhecimento que a criança constrói em forma de uma relação mental (entre textura e distância).

Construção de inteligência

Conforme a criança constrói conhecimento, ela também está construindo sua própria inteligência – o lado *organização mental do conhecimento* da moeda. Isto é, na ação de construir uma relação mental (p. ex., sobre o movimento das bolinhas), ela está organizando o conhecimento (por classificação, seriação, etc.). Além disso, conforme a criança constrói mais e mais relações mentais, está se tornando mais e mais inteligente.

Isso é o oposto à definição de inteligência que está por trás do projeto dos testes de QI, em que o "quoficiente de inteligência" de uma pessoa é suposto como inerente e imutável. Na teoria de Piaget (1975/1985), a inteligência não é estática. Ao contrário, é um processo dinâmico. Conforme a criança constrói cada vez mais relações mentais, sua inteligência se torna cada vez mais poderosa e capaz de organizar conteúdos de conhecimento.

Professores construtivistas acreditam que, quando valorizam e incentivam o raciocínio único da criança sobre o mundo físico e como ele funciona, não estão apenas promovendo a construção de um conhecimento físico específico da criança. Por meio de perguntas e comentários provocativos também estão promovendo a construção da inteligência da criança.

O Capítulo 3 desenvolve a noção de Piaget sobre *relações/conexões mentais* e *variáveis* e descreve algumas das relações mentais que as crianças podem construir durante as atividades com rampas e caminhos.

* * *

Nosso objetivo construtivista enquanto professores, portanto, é o de ajudar as crianças a se tornarem mais inteligentes, assim como a se apropriarem de mais conhecimento. É claro que os professores construtivistas desenvolvem currículos que atendem às exigências da sociedade sobre *o que* as crianças devem saber e serem capazes de fazer. Esses professores assumem um papel de liderança na demonstração de como tantos daqueles conhecimentos exigidos podem ser incorporados em atividades que ainda respeitam *como* a criança raciocina e aprende. Atividades com rampas e caminhos são excelentes para isso, como descreveremos no próximo capítulo.

2 Como fazer ciência física* construtivista

A base principal da nossa abordagem construtivista para fazer física é a teoria baseada em pesquisas de Piaget, pois seu trabalho nos ajuda a entender como as crianças adquirem conhecimento sobre o mundo físico. Apesar de a sua pesquisa não focar na educação em si, a sua teoria visa, sim, uma questão de fundamental preocupação para todos os educadores: como cada novo conhecimento é adquirido?

No Capítulo 1, tratamos de uma das conclusões de Piaget a partir de sua pesquisa: as crianças constroem conhecimento. Elas não constroem apenas o *conteúdo* desse conhecimento, como também constroem a inteligência que *organiza* o conhecimento. Neste capítulo, descreveremos mais sobre as ideias de Piaget que influenciam a nossa abordagem (educação construtivista) de se fazer física nas classes de educação infantil.

De acordo com Piaget, as crianças aprendem se deparando com problemas que se sentem compelidas a resolver; experimentando emoções como perplexidade, curiosidade, surpresa e frustração; e se engajando no trabalho intelectual e emocional de superar obstáculos para resolver esses problemas envolventes. É por meio desse processo que as crianças realizam as conexões mentais (*relações mentais*), que são a própria

---

*N. de T.: As autoras referem-se à área de ciências que trata do movimento dos objetos, enquanto "ciência química" seria a que trata de suas transformações. Doravante chamaremos apenas de física.

construção de conhecimento ou inteligência. O papel do educador construtivista, portanto, é proporcionar às crianças um ambiente que torne esse processo possível.

Quando as pessoas pedem uma definição de *educação construtivista*, gostamos de dizer que ela é composta por três elementos: interesse, experimentação e cooperação (DeVries e Kohlberg, 1987/1990). *Interesse* conduz o processo construtivista e motiva as crianças a raciocinar e adquirir conhecimento e entendimento novos. *Experimentação*, retroalimentada pela observação, leva as crianças a uma compreensão mais completa sobre fenômenos físicos. *Cooperação* descreve o tipo de atmosfera social que a criança precisa para o desenvolvimento ideal de conhecimento e inteligência e o desenvolvimento de aspectos emocionais, sociais e morais.

INTERESSE

De acordo com Piaget (1954/1981), interesse é o "combustível" do processo pelo qual a criança descobre algo (conhecimento) e, ao mesmo tempo, se torna mais apta a realizar descobertas (inteligência). Apenas se estiverem interessadas, as crianças irão investir a energia e o esforço necessários para construir conhecimento e entendimento novos. Elas irão dedicar esforços prolongados quando as atividades forem emocional e intelectualmente satisfatórias.

Piaget assinalou que os esforços são mais produtivos quando o interesse da criança está completamente engajado (isto é verdadeiro até para adultos). O desafio dos professores construtivistas é, portanto, identificar quais fenômenos, ideias, materiais e assim por diante são mais cativantes. Na nossa experiência de fazer física, observamos que as ativi-

---

Relação mental
Uma conexão mental entre ideias, criada pela criança para dar sentido às suas experiências sobre como as coisas funcionam no mundo.

dades com rampas e caminhos intrigam muito crianças pequenas (e adultos) e despertam nelas a necessidade e o desejo de realizar descobertas.

Em outras palavras, o olhar de Piaget (1954/1981) sobre desenvolvimento afetivo e da personalidade está integrado à sua teoria sobre desenvolvimento intelectual (por *afetivo*, ele queria dizer algo como "emocional", incluindo sentimentos). De acordo com Piaget, todas as relações mentais apresentam um componente afetivo adicionado à inteligência e ao conhecimento (componentes cognitivos). Um dos aspectos afetivos de uma relação mental é o interesse (p. ex., se a criança *quer* descobrir como fazer o cascalho descer mais rápido pela rampa). O aspecto cognitivo é o que a criança entende: "Eu preciso de uma pá diferente" (incorreto) ou "Esta pazinha não faz o meu cascalho se mover mais rápido" (correto).

Para Piaget, afetividade é a fonte de energia da qual a inteligência depende, como "a gasolina ativa o motor de um automóvel" (1954/1981, p. 5). A afetividade pode estimular ou impedir a construção de relações mentais. A intensidade do interesse, particularmente, é um regulador da energia colocada. Piaget (1954/1981, p. 3) escreveu sobre a gama de emoções que o processo construtivista pode envolver:

> Enquanto trabalham, estados de satisfação, desapontamento, ansiedade, assim como sentimentos de fadiga, esforço, tédio, etc. aparecem durante a atividade. Ao final do trabalho, sentimentos de êxito ou fracasso devem aparecer; e, finalmente, a criança deve experimentar sentimentos estéticos, decorrentes da coerência de sua solução.

Dessa forma, para Piaget, a afetividade interfere no processo construtivo e o influencia, à medida que a criança tenha êxito ou fracasse na resolução de um problema. Como todos sabemos, crianças (assim como adultos) que se sentem confiantes perseveram e investem muito esforço, geralmente obtendo êxito. Até mesmo sentimentos negativos, como frustração e raiva, não devem dissuadir a criança de continuar tentando; ao contrário, eles devem motivar a criança a se esforçar mais e focar mais no problema. Inversamente, se ela sentir-se inferior ou indiferente, não desejará esforçar-se mais para resolver um problema, até mesmo quando for capaz de resolvê-lo.

> Sherronda, uma criança de 5 anos, desiste e chora, sentindo-se frustrada quando a bolinha de gude insiste em ficar caindo de sua estrutura de rampas. Seus sentimentos de inadequação e fracasso a impedem de pensar sobre novas possibilidades para consertar a rampa, até que um professor a ajuda a retomar o controle e o foco. Após obter êxito com essa ajuda, ganha confiança, se sente satisfeita por seu sucesso e por compreender algo novo, e retoma seu trabalho com entusiasmo.

Para um professor construtivista, essas ideias têm uma enorme influência no planejamento do currículo. Na verdade, no planejamento, na implementação e na avaliação de todos os aspectos da rotina na sala de aula. O professor anteciparáo interesse das crianças quando estiver decidindo sobre o currículo, incluindo os tipos de atividades, materiais, e possíveis intervenções. No curso da implementação de atividades, o professor avalia os graus de interesse e o investimento emocional das crianças com o trabalho.

Um interesse intrínseco à criança pode ser provocado por uma fonte externa (extrínseca), como com os materiais providenciados pelo professor ou por suas intervenções que incentivem a criança a tentar descobrir como fazer algo.

> A professora da sala de crianças de 3 anos nota que elas estão perdendo o interesse por suas longas rampas. Então ela dá um pequeno balde a cada uma das crianças e pergunta: "Vocês conseguem descobrir como fazer a bolinha de gude rolar para dentro do balde?". Imediatamente, o interesse das crianças é renovado.

O professor construtivista observa para avaliar se as sugestões externas aumentam o interesse das crianças. Por exemplo, quando uma criança constrói a mesma estrutura com rampas dia após dia, sem mudá-la de nenhuma forma, o professor deve perguntar: "Você consegue descobrir como fazer a sua bolinha de gude atravessar toda a sala?" ou "Você consegue fazer a bolinha de gude subir uma rampa?".

O professor também observa para ver se a criança encontra desafios durante a atividade. Se a atividade for muito fácil, as crianças não criam novas relações mentais. Se ela for muito complicada, as crianças deverão ficar tão sobrecarregadas que não irão conseguir fazer novas relações mentais sobre o conteúdo; elas podem até, infelizmente, fazer uma relação entre o conteúdo e um sentimento inadequado ("Esta bolinha não ficará na rampa. Eu não sei o que fazer. Eu odeio rampas!").

EXPERIMENTAÇÃO

Fazer experimentações com objetos físicos (p. ex., atuando sobre eles de maneiras variadas) é essencial para o processo mental de construção do conhecimento físico. Pela definição, a experimentação inevitavelmente envolve muitos esforços que não funcionam como o esperado. Piaget (1975/1985) chamou o processo mental que guia a experimentação de *equilibração*.

Na seção que segue, descreveremos o processo de equilibração, mostrando como compreendê-lo nos ajuda a avaliar como as crianças constroem novos conhecimentos.

Equilibração

Equilibração é o termo usado por Piaget (1975/1985) para o processo de desenvolvimento mental. No ensino de física para crianças pequenas, esse processo envolve a experimentação para se descobrir como fazer algo (p. ex., como fazer o cascalho deslizar mais rápido pela rampa). Outra maneira de se dizer isso é que equilibração é o processo da criação de uma nova relação mental (correta ou incorreta).

A equilibração envolve momentos de incerteza, ou de *desequilíbrio*. Um tipo de desequilíbrio ocorre quando o que realmente acontece não é o que a criança esperava. Por exemplo, frequentemente as crianças juntam dois segmentos de rampa formando um ângulo reto e esperam que a bolinha de gude por si só faça a curva. Em vez disso, ela continua seguindo em linha reta, como visto aqui.

Quando uma expectativa da criança não é correspondida, o desequilíbrio se dá tanto no âmbito intelectual quanto no afetivo. A parte intelectual do desequilíbrio ocorre quando a criança reconhece uma *contradição* à sua expectativa ("Ei, a bolinha de gude não fez a curva!"). A parte afetiva é quando ela se sente confusa, frustrada ou surpresa com o resultado que não era esperado. Esse desequilíbrio pode ser leve ou forte. É o desconforto do desequilíbrio que motiva a criança a procurar soluções ("Não é isso que eu queria que acontecesse. Como eu posso fazer com que a bolinha faça a curva?").

Cada vez que a criança experimenta uma ideia que se revela errônea, o resultado observável informará qual será seu próximo esforço. Ela pode tentar várias soluções possíveis,

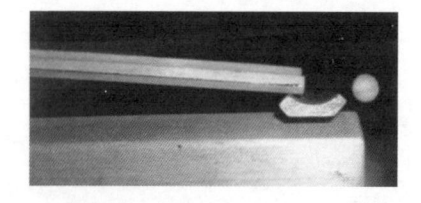

A cada nova *equilibração*, as crianças mudam o que sabem (conteúdo do conhecimento) e se tornam melhores em *organizar mentalmente* tal conteúdo (mais inteligentes).

cometer vários erros, e observar como as bolinhas de gude se movem com cada ideia nova. Chamamos esse processo de experimentação conduzida ou informada pelo erro.

Por meio da experimentação informada pelo erro, a criança pode chegar a construir uma rede de relações mentais que refletem a sua compreensão sobre como as bolinhas de gude se movem e como se formam as curvas. Dizemos que ela atinge um *equilíbrio* temporário. Conforme se depara com novos problemas, esse equilíbrio será seguido por um novo desequilíbrio, seguido por um novo equilíbrio. Dessa forma, a criança segue em direção a um entendimento mais completo sobre os vários aspectos da construção de estruturas de rampas cada vez mais complexas. Uma maior compreensão capacita a criança a antecipar e evitar problemas potenciais com as rampas, e, geralmente, ela se torna apta a construir uma estrutura de rampas na qual a bolinha de gude faz curvas, rola de um segmento a outro inclinado, e assim por diante.

É assim que todo aprendizado é adquirido – por meio de um processo contínuo de desequilíbrio e equilíbrio, então um novo desequilíbrio, e assim por diante.

Algumas vezes o desequilíbrio pode ser tão forte a ponto de fazer a criança abandonar um problema. Ela pode responder a uma contradição à sua expectativa não aceitando os resultados e repetindo a mesma ação várias vezes, como fez Erica na Introdução. Assim, a criança não faz novas relações mentais até que se decida a experimentar algo novo.

Em outras vezes, a equilibração ocorre tão rapidamente que o desequilíbrio mal é notado. Por exemplo, professores veem isso quando uma criança observa a sua bolinha de gude atravessar o final do primeiro segmento de rampa, em vez de fazer a curva para cair no segundo segmento, e ela imediatamente coloca um bloco no final da primeira rampa. A criança perceber que precisa do bloco como um anteparo mostra que ela construiu rapidamente novas relações mentais entre o anteparo, os dois segmentos de rampa e o movimento da bolinha de gude.

Atividades de conhecimento físico

Como apresentado no Capítulo 1, *conhecimento físico* para Piaget é o conhecimento sobre o mundo físico que apenas pode ser adquirido por meio de experiências físicas com os objetos e seus fenômenos. Quando a criança age sobre (faz algo para) um objeto e observa a sua reação, ela descobre o que pode ser feito com o objeto. A fonte do conhecimento físico são os objetos. Empurrando bolas e cubos, a criança aprende que as bolas rolam, mas os cubos deslizam; jogando bolinhas variadas, ela aprende que algumas quicam. Atividades com rampas e caminhos fazem parte da categoria de atividades sobre conhecimento físico que tem a ver com o *movimento* dos objetos – isto é, física ou mecânica.

Química
Uma segunda categoria de atividades de conhecimento físico, que tem a ver com *mudanças* nos objetos.

Para promover o conhecimento físico da criança, o professor construtivista a incentiva a experimentar e aprender a partir da reação dos objetos. Por exemplo, através da experimentação, as crianças podem aprender que uma bolinha de gude rola regularmente para baixo em uma inclinação. Em "atividades de conhecimento físico" (Kamii e DeVries, 1978/1993), uma criança pode, por exemplo, fazer pontaria com bolas de diferentes tamanhos para derrubar um alvo; derramar água dentro de copos furados no fundo e dos lados, pendurados em uma placa para fazer fontes de água; fazer biscoitos; ou misturar farinha e óleo para fazer massinha. Em tais atividades, as crianças conseguem se envolver diretamente com os objetos e descobrir como o mundo dos objetos e seus fenômenos funcionam.

Professores construtivistas respeitam as experimentações espontâneas das crianças, cheias de erros e por eles orientadas, como uma forma de *método científico* que cientistas de verdade seguem. Contudo, as nossas razões para recomendar atividades de conhecimento físico vão além do próprio valor do método científico. A pesquisa e teoria de Piaget – e o nosso próprio trabalho em sala de aula – demonstram que tais atividades ajudam a criança a construir conhecimento e inteligência.

Boas atividades de conhecimento físico intrigam as crianças a descobrir como fazer algo acontecer. Para oferecer ricas oportunidades para as crianças experimentarem e criarem novas relações mentais, o que acontece deve ser (Kamii e DeVries, 1978/1993):

- *produzível:* a criança deve ser capaz de produzir "o que acontece" com as suas próprias ações;
- *imediato:* "o que acontece" deve ocorrer assim que a criança agir sobre o objeto;
- *observável:* a criança deve ser capaz de ver algo acontecer; e
- *variável:* a criança deve ser capaz de variar as suas ações para produzir e observar variações nas reações do objeto.

Atividades com rampas e caminhos atendem a todos esses critérios.

Professores construtivistas têm como foco ajudar a criança a descobrir como fazer as coisas acontecerem, mesmo que ela ainda não entenda (não consiga entender) os princípios científicos envolvidos. Assim, um professor desenvolvendo atividades com rampas e caminhos ajudará a criança a descobrir como fazer esferas rolarem para cima, fazerem curvas, irem mais longe, e assim por diante, sabendo que elas não compreendem os princípios da mecânica.

De acordo com Piaget, o desenvolvimento do conhecimento evolui. Primeiro, as crianças são capazes de "saber como" produzir um efeito; ou seja, elas conseguem construir o que Piaget chamou de conhecimento *prático* ("Para fazer essa bola de gude rolar, eu

O método científico

1. observar um fenômeno físico;
2. fazer uma pergunta/definir um problema;
3. levantar uma hipótese;
4. fazer uma experimentação para localizar o problema/testar a hipótese;
5. observar/analisar o resultado do experimento;
6. desenvolver uma conclusão.

Como os cientistas, as crianças pequenas, trabalhando com rampas e caminhos, criam e testam hipóteses, observam resultados das experimentações cheias de erros e conduzidas, e concluem se as suas hipóteses estão corretas ou incorretas.

levantaria uma das extremidades da rampa"). Mais tarde elas se tornam capazes de "saber por que", ou conhecimento *conceitual* ("Essa bola de gude rola para baixo devido à gravidade"). Professores de crianças pequenas, dessa forma, focam em ajudá-las a descobrir o "saber como" (*know-how*) prático relacionado ao movimento de esferas em rampas. (Ver o quadro a seguir para saber mais.)

Conhecimento prático *versus* Conhecimento conceitual

Ao ensinar as crianças pequenas sobre movimento usando rampas e caminhos, é importante que os professores entendam a diferença entre conhecimento em um nível prático e conhecimento em um nível conceitual. Isto é, a diferença entre "saber como" e "saber por quê". Piaget baseou essa distinção em pesquisas nas quais ele encontrou um "intervalo de tempo notável entre a execução (pela criança) de uma ação (conhecimento prático, ou 'saber como') e a sua conceituação (saber por quê)" (1974/1976, p. 102).

Em seus estudos, Piaget descobriu que um entendimento completo dos conceitos envolvidos com o movimento dos objetos não se desenvolve até a idade de cerca de 11 a 12 anos (mesmo assim, não em todas as crianças). Dessa forma, é irracional esperar que as crianças pequenas sejam capazes de entender ou explicar física em um nível conceitual. De qualquer modo, conforme as crianças constroem uma compreensão prática de movimento, estão formando a base para uma compreensão conceitual, mais tardia.

Em função do trabalho de Piaget, o currículo de física na Escola Freeburg incentivava a construção pelas crianças do conhecimento prático sobre o movimento dos objetos. Erica experimentou com os materiais disponibilizados por sua professora para finalmente construir o conhecimento prático de que a inclinação de uma rampa e o movimento dos objetos sobre ela estão relacionados. Entretanto, aos 4 anos, ela ainda não conseguia entender os conceitos científicos de *gravidade, atrito, inércia, graus de inclinação*, e assim por diante. Para que as crianças compreendam completamente tais termos científicos, elas precisariam construir uma rede complexa de relações mentais conceituais.

Professores construtivistas, portanto, focam em ajudar as crianças pequenas a construir relações mentais práticas que precedem e pressupõem conceitos científicos. Por exemplo, as crianças têm a possibilidade de construir a relação mental prática entre a declividade da rampa e a distância que a bola de gude percorrerá: "Bolas de gude rolam mais longe através da sala quando eu levanto a extremidade mais alta da rampa".

Crianças (e adultos) precisam primeiro *pensar* em um nível prático sobre um fenômeno físico antes que possam entender a física daquele fenômeno em um nível conceitual. Portanto, no nível prático focamos no que é observável à criança, o que é produzível por elas e o que elas podem variar em sua experimentação (Kamii e DeVries, 1978/1993).

COOPERAÇÃO

O terceiro elemento da educação construtivista é a atmosfera sociomoral de cooperação. Piaget (1932/1965; 1954/1981) entendia *cooperação* como o tipo de contexto social necessário para o desenvolvimento ideal de inteligência ou conhecimento e o desenvolvimento de aspectos emocionais, sociais e morais da personalidade.

Uma atmosfera sociomoral consiste em todas as relações interpessoais entre as próprias crianças e entre as crianças e adultos de uma sala de aula e o programa, ou escola. Em uma atmosfera sociomoral cooperativa, as crianças se sentem seguras, "firmemente conectadas" ao professor (Howes e Ritchie, 2002; Watson e Ecken, 2003), e livres para estar mentalmente ativas.

Um contexto de respeito mútuo

Tendo em vista o objetivo anteriormente apresentado, a primeira tarefa do professor construtivista é estabelecer uma atmosfera sociomoral de respeito mútuo (DeVries e Zan, 1995). Oposto a interagir com as crianças de uma maneira controladora ou coercitiva, praticar respeito mútuo significa não só que se espera da criança que respeite o professor, mas que o professor reciprocamente respeite cada criança. O objetivo é aprender a ver pela perspectiva dos outros e operar em função dos sentimentos, dos desejos e das ideias dos outros. Particularmente, isso significa o professor respeitar as formas pelas quais as crianças pequenas pensam e as maneiras como elas transformam seu raciocínio criando novas relações mentais.

Uma relação cooperativa entre o professor e a criança é o principal para se estabelecer o tipo de ambiente no qual a criança se sinta livre para experimentar, cometer erros sem se sentir inadequada, e compartilhar seus pensamentos com o professor e seus pares. Um professor controlador ou intimidador pode reprimir as ações e o raciocínio das crianças. Uma aceitação carinhosa de cada criança, o interesse genuíno em relação ao que elas estão tentando fazer e atitudes compreensivas são essenciais.

Cooperação *versus* Coerção

Piaget distinguiu dois tipos de relação entre adultos e crianças: *cooperativa* e *coercitiva* (controladora). O apoio à cooperação e a crítica à coerção são mal compreendidos por várias pessoas, sendo visto como uma defesa à permissividade. Ou, em outras palavras, permitir que a criança faça o que ela quiser. Nós não defendemos a permissividade. Para Piaget, a cooperação é uma característica essencial da "educação ativa", que respeita a forma como as crianças pensam e transformam seu raciocínio. É promovendo o raciocínio da criança que o professor construtivista a ajuda a construir valores morais e convicções sobre como tratar os outros, assim como a construir verdades sobre o mundo físico.

Cooperar com as crianças significa que o professor construtivista evita um controle *desnecessário* sobre elas. A meta do professor construtivista é *minimizar* o controle externo o máximo possível e viável e promover o controle interno de cada criança. Os professores ajudam as crianças a se ajudarem. Como isso funciona na prática é um assunto para uma extensa reflexão por parte dos professores ao considerarem suas interações com as crianças.

Mesmo que os professores construtivistas evitem o controle desnecessário das crianças, o controle externo por parte dos adultos é às vezes necessário. Nessas situações, é importante enfatizar para a criança, explicar por que ela deve obedecer, e ser firme, mas não mau. Lutando com a distinção entre ser firme e ser mau, os professores acharam útil examinar o estado emocional da criança, sua expressão corporal e facial (principalmente os olhos), e o tom da voz. Professores construtivistas sempre estão tentando ajudar as crianças a exercer algum grau de autocontrole.

Nota: Para uma maior discussão sobre respeito mútuo, ver *Constructivist Early Education: Overview and Comparision with Other Programs* (DeVries e Kohlberg, 1987/1990) e *A Ética na Educação Infantil: O Ambiente Sociomoral na Escola* (DeVries e Zan, 1998).

Em atividades físicas com rampas e caminhos, é importante que as crianças testem suas ideias errôneas, como foi discutido no Capítulo 1. Se as ideias – corretas e incorretas – das crianças forem respeitadas, elas se sentirão confiantes sobre a sua habilidade de pensar e experimentar. O professor respeita a criança observando-a para compreender o seu raciocínio. Por exemplo, no Capítulo 1 (e aqui também), vemos Seth esperando pacientemente que a bolinha de gude imóvel se mexa na rampa que está nivelada. Está claro pelas ações de Seth que ele espera que a bola se mova pela rampa.

O que um professor respeitoso faz depende da próxima coisa que Seth irá fazer. Se parecer que ele vai abandonar a atividade, o professor irá tentar incentivá-lo a pensar sobre o que mudar para fazer com que a bolinha se mova: "O que você quer que a bola de gude faça?" ou "O que você poderia mudar para fazer com que a bolinha se mexa?". Usar a palavra *mudar* comunica à criança a possibilidade de tentar algo que ainda não tentou. Se Seth continuar a experimentar, o professor deve decidir não intervir de nenhuma forma, ou deve se envolver emocionalmente nos esforços, se mantendo perto e deixando claro para a criança que está interessado. A presença do professor na atividade cria uma confirmação de que o que a criança está fazendo tem valor. Além disso, o professor também pode dizer algo como "Eu vejo que você teve outra ideia" ou "Algumas vezes você tem que experimentar várias ideias diferentes antes que consiga fazer isso funcionar".

Um professor construtivista ajuda a criança a colocar de lado a sua visão usual dos adultos como seus superiores, os *experts* que já sabem de tudo, se relacionando com elas como um companheiro ou guia. Os professores podem expressar respeito pelas crianças de variadas formas. Eles podem:

- conduzir reuniões em sala para discutir e avaliar como a sala está e como eles a querem (ver também Development Studies Center, 1996);
- permitir seletivamente que as crianças tomem decisões sobre procedimentos e currículo da sala de aula;
- incentivar as crianças a discutir e criar regras que considerem necessárias para prevenir ou resolver problemas;
- conduzir discussões a respeito de problemas interpessoais sobre os quais leem em livros de história ou que experienciam em sala de aula; e

- envolver as crianças na resolução de conflitos, com o objetivo de aprenderem a levar em conta o ponto de vista do outro e resolver seus próprios conflitos.

Tais atividades são descritas e discutidas em *A Ética na Educação Infantil* (DeVries e Zan, 1998).

O contexto construtivista da sala de aula

O contexto construtivista da sala de aula para fazer física incorpora as características de respeito mútuo.

O professor construtivista, durante a hora da atividade, dá direito à criança de escolher entre atividades como teatro/peça dramática, ler livros, jogos em grupo, pintura, ouvir e encenar histórias, tocar instrumentos musicais, e atividades de conhecimento físico como acertar um alvo com um pêndulo, criar fontes com água, fazer bolhas, fazer os objetos se moverem usando ar, objetos que giram, construir com blocos e realizar atividades com culinária.

O professor também, especialmente, projeta atividades para criar uma comunidade e promover desenvolvimento social e moral (DeVries e Zan, 1994).

Áreas do currículo como literatura, matemática e estudos sociais também são importantes, e com frequencia são integradas em temas e projetos decorrentes dos interesses das crianças, o primeiro elemento da educação construtivista. Por exemplo, usando fotografias ou desenhos das crianças e de suas estruturas de rampas, elas podem ditar ou escrever sobre o que fizeram; as histórias podem ser coletadas em um livro da sala, que poderá ser aproveitado muitas vezes.*

Com as crianças mais velhas, o professor construtivista pode conduzir leituras em pequenos grupos de trocas de livros e reservar um tempo para oficinas de escritores, nas quais as crianças são frequentemente inspiradas a escrever sobre seu trabalho com física. Pequenas lições para o grupo podem envolver leitura e escrita sobre conteúdos da física e suas conexões com matemática e estudos sociais.

* * *

Muitos currículos para as crianças pequenas compartilham aspectos da nossa abordagem construtivista, mas frequentemente aparecem diferenças na implementação. Particularmente, professores construtivistas planejam não apenas ensinar conteúdos às crianças (o *o que* da ciência, linguagem, literatura e do restante), mas também desenvolver a inteligência e a moralidade da criança.

Tratamos de como os professores construtivistas podem pensar sobre promover a inteligência da criança por meio de atividades físicas no Capítulo 3.

---

*Para mais informações sobre trabalhos com projetos, ver *Engaging Children's Minds: The Project Approach* (Katz e Chard, 2000), *Young Investigators: The Project Approach in the Early Years* (Helm & Katz, 2011), e *The Power of Projects: Meeting Contemporary Challenges in Early Childhood Classroms – Strategies and Solutions* (Helm e Beneke, 2003). O trabalho desses autores tem influenciado o nosso.

3 Relações mentais que as crianças podem construir

Como descrito no Capítulo 1, a razão de se realizar atividades de conhecimento físico como rampas e caminhos é que, conforme as crianças adquirem mais conhecimento sobre os fenômeno físicos nas atividades, elas também se tornam mais inteligentes. Isto é, por meio do processo de equilibração descrito no Capítulo 2, elas mudam *o que* sabem, e se tornam melhores em *organizar mentalmente* tal conteúdo do conhecimento. Em seu nível mais básico, cada equilibração é o processo de criação de uma relação mental – as "coisas" das quais o conhecimento ou a inteligência são feitos.

Uma *relação mental* é uma conexão criada na mente da criança para dar sentido às suas experiências de mundo. Por exemplo, nas atividades com rampas e caminhos, uma relação mental prática que as crianças têm a possibilidade de construir é uma conexão entre as ideias de declividade da inclinação de uma rampa e a distância que uma bolinha de gude percorre ao chegar a seu final ("Quanto mais alto eu construir o final dessa rampa, mais longe minha bolinha irá rolar pelo tapete").

Nas atividades de conhecimento físico, a inteligência das crianças pequenas permite a elas organizar tal conhecimento prático em redes de relações mentais baseadas em ações sobre objetos físicos. Por intermédio das contínuas modificações nas relações mentais, as crianças desenvolvem a habilidade de pensar além do que conseguem observar diretamente e fazer deduções, indo na direção do conhecimento conceitual sobre física visto nas crianças mais velhas.

DOIS ASPECTOS DAS RELAÇÕES MENTAIS

Conforme discutido nos Capítulos 1 e 2, de acordo com Piaget (1952), toda relação mental possui dois aspectos – um aspecto de conteúdo do conhecimento, e outro da inteligência.

O primeiro aspecto é o *conteúdo do conhecimento* específico que a criança constrói a partir da experimentação; por exemplo, com blocos, bolinhas de gude e mata-juntas. Conforme ela observa o que acontece, ou tenta fazer algo em particular acontecer, ou ainda quer descobrir como algo aconteceu, ela está formando relações mentais sobre o movimento dos objetos. Por exemplo, conforme as crianças variam a inclinação de uma rampa até que a bolinha de gude role na velocidade exata para conseguir fazer uma curva, elas estão construindo conhecimento prático sobre fenômenos relacionados à física do movimento.

Tal conhecimento prático forma a base necessária para um entendimento conceitual mais tardio – ou seja, por que as leis do movimento funcionam. Para crianças menores, o objetivo é construir conhecimento sobre movimento no nível prático.

O segundo aspecto de uma relação mental é a *inteligência,* a qual foi definida por Piaget como uma ação mental geral que consegue organizar qualquer conteúdo específico. Em outras palavras, inteligência é o que uma pessoa é capaz de fazer mentalmente com o conteúdo do conhecimento de qualquer tipo.

Piaget discutiu sobre algumas formas gerais de organizar o conteúdo do conhecimento, como classificação e seriação. *Classificação* significa criar grupos com característi-

As Leis de Newton do Movimento

1. Objetos em repouso tendem a permanecer em repouso, e objetos se deslocando em uma velocidade constante em linha reta tendem a permanecer em tal movimento.
2. Quando uma força de desequilíbrio atua sobre um objeto, ele irá experimentar uma aceleração.
3. Para toda ação, existe uma reação igual e oposta.

cas similares ou diferentes; por exemplo, "As minhas bolinhas de gude grandes e pequenas conseguem rolar". Nesse exemplo, o tamanho das bolas de gude é diferente, mas a forma como elas se movem (rolar) é a mesma. *Seriação* envolve ordenar algo (p. ex., do mais baixo para o mais alto, do menor para o maior, do primeiro ao último em uma fila, do começo ao final de uma história); significa também saber, por exemplo, que o terceiro em uma ordem de altura do menor ao maior é, ao mesmo tempo, mais alto que o segundo e mais baixo que o quarto.

Isto é, qualquer tipo de conteúdo específico pode ser classificado e qualquer tipo de conteúdo específico pode ser seriado. Qualquer conteúdo de conhecimento pode ser organizado por tais ações mentais. Com rampas e caminhos, as crianças podem pensar se as bolinhas de gude *azuis* rolam mais longe que as *vermelhas* ou se as mais *pesadas* rolam mais longe que as mais *leves* (organização por classificação). Da mesma forma, as crianças podem pensar sobre como fazer uma bolinha rolar por rampas *cada vez mais inclinadas* e percorrer distâncias cada vez *maiores* (organização por seriação).

As crianças não têm consciência de que estão construindo a inteligência que permite a elas organizar o conteúdo de conhecimento das atividades com rampas. Elas simplesmente têm consciência de tentar construir um caminho pelo qual sua bolinha de gude se mova da forma que desejam. A evidência da construção progressiva da inteligência da criança se encontra em suas ações.

Por exemplo, frequentemente observamos crianças descobrindo como podem fazer as suas bolinhas de gude irem mais longe construindo suportes de rampa mais altos. Desse modo, conseguimos observar como as crianças formam uma relação de seriação, quando elas se entusiasmam cada vez que a bolinha chega mais longe em uma rampa *mais e mais inclinada*. O poder intelectual (inteligência) de uma criança aumenta conforme ela continua a organizar experiências criando cada vez mais relações mentais.

O *caminho* é o trajeto, formado por um ou mais segmentos de mata-junta, pelos quais as bolinhas de gude e outros objetos transitam. Uma *rampa* é um caminho inclinado.

Saber que adquirir conteúdo de conhecimento em atividades construtivistas com rampas e caminhos está inter-relacionado com uma inteligência cada vez maior (conforme as crianças organizam ativamente os conteúdos) dá aos professores uma razão mais forte para ensinar com o objetivo de promover a construção de relações mentais das crianças.

VARIÁVEIS E RELAÇÕES MENTAIS

As crianças têm oportunidades de construir várias relações mentais durante as atividades com rampas e caminhos, conforme elas perseguem suas próprias ideias, encontram problemas que querem resolver e descobrem como solucioná-los. Durante o restante deste capítulo, descreveremos algumas das relações mentais que as crianças podem construir sobre essas *variáveis* com rampas e caminhos:

- **Ângulo** – A inclinação de um caminho
- **Suportes** – Em que a mata-junta se apoia
- **Objetos** – O que transita pelos caminhos
- **Conexões** – Local em que um segmento de mata-junta termina e o outro começa
- **Alvo** – Algo no final de um caminho que o objeto visa atingir
- **Projetos ou desenhos dos caminhos** – Estruturas que a criança cria e constrói com mais de um segmento de rampa

Para cada variável, oferecemos apenas alguns exemplos de relações mentais que as crianças pequenas podem construir com ela em mente.

Variáveis

Uma das características de uma boa atividade de conhecimento físico é a variabilidade. Uma *variável* é algo que pode ser modificado. Em rampas e caminhos, as variáveis incluem o declive da inclinação; a forma de se conectar dois segmentos de rampa; o tamanho, o formato e o peso dos objetos que se moverão (ou não) pelas rampas; e assim por diante.

Crianças pequenas frequentemente modificam muitas variáveis ao mesmo tempo. Por exemplo, se uma criança quer fazer sua bola de gude ir mais longe, ela pode mudar a rampa para um lugar da sala em que a superfície do chão seja diferente, adicionar outro bloco ao seu suporte e ainda usar uma bola de gude diferente, tudo isso ao mesmo tempo. O resultado nesse caso, pode ser que a sua bola de gude vá mais longe do que ia antes de ela fazer todas essas mudanças. O problema, claro, é que ela não saberá qual dessas mudanças causou o fato de a bolinha rolar mais.

Portanto, a fim de se observar o efeito de uma variável, todas as outras devem permanecer constantes (isto é, continuar as mesmas).

Para os professores, isso significa que eles deveriam estar cientes das variáveis que as crianças estão modificando e dar sugestões para ajudá-las a se tornarem conscientes da causa de seus resultados. Por exemplo, da próxima vez que uma criança quiser fazer a sua bola de gude ir mais longe, o professor pode dizer: "Eu me pergunto o que aconteceria se colocássemos apenas mais um bloco sob o topo da sua rampa". Após observar os resultados de tal modificação, o professor e a criança podem conversar sobre o que aconteceu, talvez adicionar ainda mais um bloco, e assim por diante. Dessa maneira, o professor ajuda a criança a focar nas variáveis que não pensaria por conta própria.

INCLINAÇÃO

Resolver problemas que envolvem a variável *ângulo* oferece às crianças a possibilidade de construir relações mentais como as que seguem:

Uma relação mental...

- entre o declive da inclinação e o movimento de um objeto (Fotografias 3 e 8);
- entre o declive da inclinação e a distância que a bola de gude percorrerá a partir do final da rampa;
- entre uma série de diferentes inclinações e uma série de velocidades nas quais os objetos se movem rampa abaixo (Fotografia 8);
- entre o ângulo de uma rampa em declive, o ângulo de outra rampa contígua em aclive e a distância que a bola rola até a próxima inclinação (Fotografia 8).

Quando as crianças pequenas começam a construir rampas e caminhos, logo descobrem que é necessário que haja uma inclinação se querem que a bola de gude se mova sem ser empurrada. No começo de sua experimentação com as rampas, elas frequentemente colocam a bola de gude em um segmento de mata-junta que está em posição horizontal e esperam com grande expectativa que ela se mova, como feito por Seth na Fotografia 3. Quando a bola de gude não se move na rampa nivelada, o sentimento de surpresa – resultante da *contradição* entre uma expectativa e o que acontece – pode motivar as crianças (como fez com Seth) a continuar experimentando. Elas geralmente se tornam conscientes de que precisam criar uma inclinação; ou seja, geralmente constroem uma relação mental entre a inclinação da rampa e o movimento de um objeto sobre ela.

Uma vez que as crianças entendem que a bola de gude se move sem precisar ser empurrada quando é liberada em um plano inclinado, algumas delas tentam usar esse

7

Olívia (sentada ao final da sua rampa) realiza experimentações fazendo uma bola de gude ir para cima e ao longo do cume de seu caminho, algumas vezes pulando de um segmento de mata-junta a outro. Ela está criando relações mentais entre o ângulo de uma inclinação descendente, o ângulo de uma inclinação ascendente e os movimentos da bola de gude para cima e ao longo do cume.

conhecimento para tentar fazer as bolas rolarem pelo chão o mais longe possível. Elas experimentam erguer e abaixar o segmento de rampa (mudando a sua inclinação) e observam o quão longe a bolinha rola pelo chão. Dessa maneira, elas estão trabalhando a relação mental entre o ângulo de inclinação (resultante da altura do suporte) e a distância percorrida pela bolinha. (Na verdade é uma coordenação de duas seriações, quando as crianças pensam consciente e concomitantemente sobre o ângulo de inclinação... *alto, mais alto, o mais alto*... e a distância correspondente percorrida pela bola de gude... *longe, mais longe, o mais longe*.)

Com a experiência, algumas crianças reconhecem a necessidade de mudar a inclinação quando querem mudar a velocidade da bola de gude (a relação mental entre declive e velocidade). Construir essa relação mental exige que as crianças experimentem com uma série de rampas que variam a sua inclinação para observar variações correspondentes de velocidade.

Fazer uma bola saltar sobre um vão de um segmento de rampa até o próximo é um problema que as crianças consideram interessante. O problema é que, se a bola estiver descendo muito rápido pela primeira rampa, ela deverá sair do caminho; e, se estiver muito devagar, não conseguirá atravessar o vão. Fazer experimentações diminuindo ou aumentando a velocidade da bola de gude permite às crianças criar relações mentais entre as partes da estrutura que controlam a velocidade e o movimento da bola de gude.

8

Laura e KaNeisha fazem experimentações de uma forma incomum mudando a inclinação para baixo – e assim a velocidade da bola de gude – deslizando a extremidade mais baixa da primeira rampa para cima ou para baixo do comprimento da segunda rampa. O plano delas é fazer com que a bola salte sobre o espaço deixado entre a segunda e a terceira rampas.

SUPORTES

Resolver problemas que envolvem a variável *suportes* oferece às crianças a possibilidade de construírem relações mentais como estas:

Uma relação mental...

- entre as duas extremidades de uma única rampa (Fotografia 9);
- entre o tipo ou a forma como os suportes foram arranjados e a estabilidade da estrutura (Fotografia 10).

Primeiramente, as crianças pequenas não sabem como estabilizar uma rampa para que não caia. Na Fotografia 9a, Ellen está focada na extremidade de baixo, ignorando que a extremidade mais alta está escorregando da prateleira usada como suporte. O sentimento de frustração quando a rampa cai ao chão pode levar à construção de uma relação mental entre uma extremidade da rampa e a outra. (Esse é um exemplo do que Piaget chamou de *descentração* – mover o foco de atenção de apenas um aspecto de algo para levar em conta, ao mesmo tempo, outro aspecto.)

As crianças são frequentemente confrontadas pelo resultado da instabilidade em seus suportes. Por exemplo, algumas vezes as crianças tentam usar blocos altos e estreitos para dar suporte aos segmentos de rampa. Quando esse suporte instável cai seguidamente, elas são forçadas a encarar a contradição às suas expectativas. Isso pode levar a uma necessidade de descobrir como construir uma estrutura mais estável.

Conforme as estruturas vão ficando cada vez mais complexas, suportes que antes estabilizavam as estruturas mais simples podem não conseguir mais fazê-lo. Isso motiva a criança a procurar por suportes mais satisfatórios. Nesse curso de experimentação com

O ensino de física para crianças de 3 a 8 anos   65

9 Primeiramente, Ellen foca na extremidade de baixo de sua rampa enquanto seu topo escorrega da prateleira usada como suporte (a). Finalmente ela constrói uma relação mental entre as duas extremidades da rampa, conseguindo deixá-la estável (b).

10 Seth e Jonah estão usando uma variedade de tipos e arranjos de blocos para estabilizar seu trajeto. Eles confrontam diferentes tipos de suporte, estáveis e instáveis (classificação).

materiais de suporte e arranjos, as crianças revisam as relações mentais que já haviam construído anteriormente, formando outras mais adequadas.

OBJETOS

Resolver problemas que envolvem a variável *objetos* oferece às crianças a possibilidade de construírem relações mentais como estas:
Uma relação mental...

- entre características dos objetos. Isto é, comparação dos objetos em termos de peso, tamanho, e assim por diante;
- entre as características dos movimentos dos objetos. Isto é, comparação de quão diferentemente os objetos descem por uma inclinação (p. ex., rolando, deslizando);
- entre as características dos objetos (p. ex., peso, tamanho) e a velocidade de seu movimento ao longo da inclinação.

Descrevemos majoritariamente atividades com rampas e caminhos nas quais as crianças utilizam bolinhas de gude. Entretanto, também usamos uma variedade de esferas além dessas, incluindo bolas de pingue-pongue, bolas de metal, bolas de madeira e borracha, e assim por diante. Também variamos seus tamanhos e pesos.

CONEXÕES

Resolver problemas que envolvam a variável *conexões* oferece às crianças a possibilidade de construírem relações mentais como estas:
Uma relação mental...

- entre a direção da sobreposição entre segmentos de rampas e o movimento contínuo da bolinha de gude (Fotografias 11a e 11b);
- entre o ângulo da conexão (reto, mais fechado) e se a bola se manterá ou não no caminho (Fotografia 17);
- entre o ângulo preciso formado por segmentos de rampa adjacentes e o movimento contínuo da bola de gude pelo caminho.

Compreender essas relações mentais considerando o movimento contínuo é particularmente a solução para se construir estruturas mais complexas, como as mostradas no final deste capítulo. Quando as crianças estão começando a criar rampas e caminhos com mais de um segmento de mata-junta, elas frequentemente não pensam sobre a necessidade de continuidade entre eles (ver Fotografia 14).

Um problema comum ocorre quando as crianças começam a estender seus caminhos adicionando segmentos de mata-junta. Geralmente, elas adicionam um segmento a uma rampa inclinada colocando-o *sobre* o final da primeira (ver Fotografia 11a), interrompendo, com isso, o movimento da bolinha de gude.

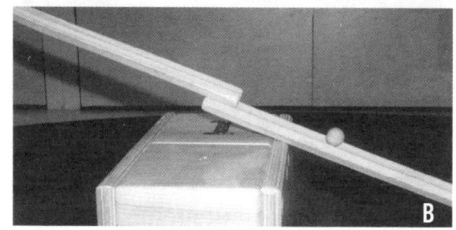

11 Dependendo da velocidade com a qual a bola de gude está descendo quando atinge a sobreposição mal feita dos segmentos de rampa (a), ela pode parar ou até mesmo saltar para fora do caminho.
Uma conexão bem-sucedida (b) permite que a bola de gude continue o seu movimento.

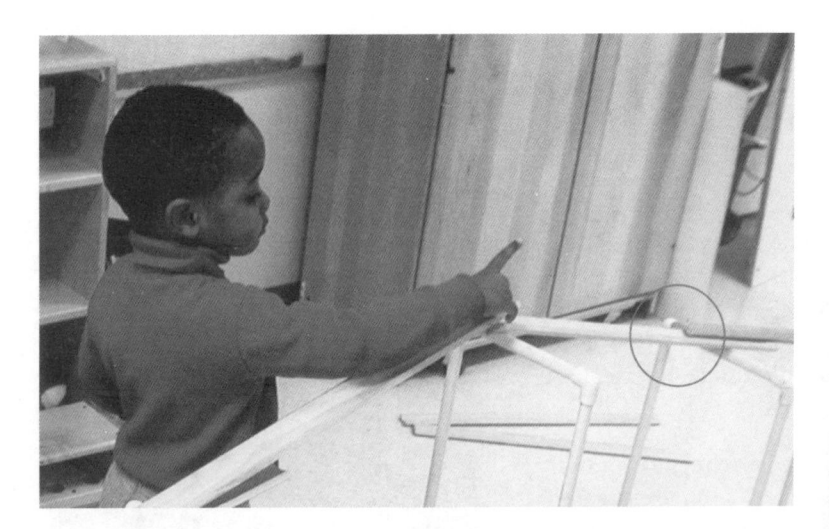

12 Primeiramente, Nathan, de 3 anos, não antecipa que a colocação de seu segmento de rampa (por cima, em vez de ser por baixo da próxima) irá parar a bola de gude.

13 Mais tarde, nesse mesmo ano, Nathan observa as bolas de gude navegarem pelo caminho passando por várias conexões com êxito.

Para ter êxito em uma conexão, entretanto, as crianças devem prever que o caminho precisa estar livre de obstáculos. Crianças que possuem esse entendimento espacial sabem como adicionar ao seu caminho levantando o final do primeiro segmento de rampa e colocando o novo segmento *por baixo* do primeiro (ver Fotografia 11b). Em outras palavras, essas crianças criaram uma relação mental entre a direção da sobreposição e o movimento contínuo da bola de gude.

ALVOS

Resolver problemas que envolvem a variável *alvos* oferece às crianças a possibilidade de construir relações mentais como estas:
Uma relação mental...

- entre o posicionamento do alvo e o movimento da bola de gude (Fotografia 15);
- entre a inclinação do declive e a força com a qual a bola de gude atinge o alvo (Fotografia 16);
- entre o ponto no qual a bola de gude foi solta na rampa e o posicionamento do alvo (Fotografia 15 e 16).

Algumas crianças gostam de colocar um copo, caixa, balde ou outro receptáculo no final da rampa para pegar objetos rolantes ao final do caminho. Referimos-nos aos receptáculos como "alvos" porque, para poder pegar o objeto, eles precisam ser colocados em um ponto preciso. A Fotografia 15 mostra o alvo como um balde que necessita ser colocado precisamente para poder pegar a bola de gude.

14 Algumas crianças não antecipam nenhuma necessidade de os segmentos de rampa estarem conectados. Jonah está claramente surpresa ao ver que seu carrinho parou entre dois segmentos que não estavam conectados.

PROJETOS DOS CAMINHOS

Crianças que já construíram relações mentais considerando inclinação, distância e conexões bem-sucedidas com frequência inventam estruturas de rampas cada vez mais complicadas. Resolver problemas que envolvem a variável *projetos dos caminhos* oferece às crianças a possibilidade de construir relações mentais como estas:

Uma relação mental...

- entre as partes de um arranjo "ricocheteado", que permite que a bola de gude faça uma curva em um caminho (Fotografias 17, 19, 21 e 23);
- entre o final de uma rampa e outra abaixo, quando é esperado que um objeto caia da mais alta, atingindo a seguinte (Fotografias 18, 20, 21, 22, 23 e 24);
- entre o ponto de equilíbrio, a rampa a qual ele dá suporte, o peso da bola de gude e a rampa na qual ela cai (Fotografia 20);
- entre a área de chão livre para uma estrutura e o projeto do caminho (Fotografias 18, 19, 22 e 23).

Essas estruturas mais complicadas frequentemente apresentam problemas desafiadores. As crianças que as inventaram, mostradas neste livro, estavam no 2º e 3º anos do ensino fundamental e já trabalhavam com rampas há três anos.

* * *

As relações mentais descritas neste capítulo são apenas algumas das possibilidades que as crianças podem construir nas atividades com rampas e caminhos. Está longe de ser uma lista exaustiva, e a sua divisão por variável em grupos é artificial. Na realidade, uma estrutura de rampas complexa reflete como um todo, uma rede de muitas relações mentais intercoordenadas que incorporam uma variedade de variáveis.

A mensagem importante para se tirar deste capítulo é que, quanto mais relações mentais a criança constrói, maior poder intelectual ela trará para a próxima situação. Por esse motivo, Piaget insistiu que a construção de relações mentais constitui tanto inteligência quanto conhecimento, concomitantemente. Quando o professor construtivista se acostuma a pensar em termos das relações mentais que as crianças podem construir, torna-se mais fácil intervir nas experimentações delas de forma a promover tais construções mentais – e, dessa forma, ajudá-las a se tornarem cada vez mais inteligentes, assim como a possuir cada vez mais conhecimento.

15 Eric, de 6 anos, observa a fim de constatar se a sua bola de pingue-pongue (que está descendo pela rampa) irá cair em seu balde, cuidadosamente posicionado.

16 William ajustou a inclinação de sua rampa para que a bola de gude atingisse a primeira peça de dominó com força suficiente para gerar uma reação em cadeia.

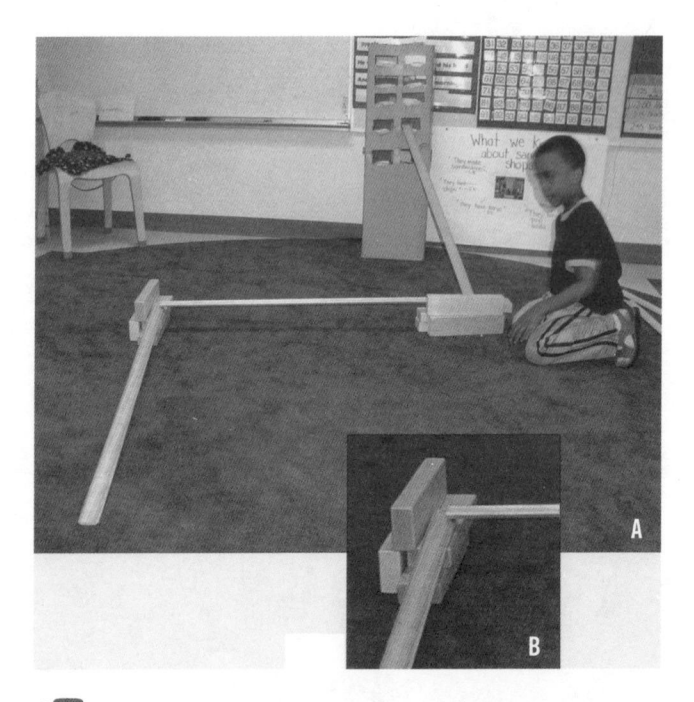

17 Zion, estudante do 1º ano do ensino fundamental, descobre como fazer com que a bola de gude realize uma curva.

18 Uma criança do 2º ano do ensino fundamental organizou os segmentos de rampa de forma que a bola de gude voasse entre dois pilares, caindo no próximo segmento.

19 Olívia, do 2º ano do ensino fundamental, inclui em seu caminho duas quedas de ângulos retos.

20 Crianças do 3º ano do ensino fundamental constroem este projeto mais complexo incluindo duas gangorras e duas quedas.

21 KeAntre, do 3º ano do ensino fundamental, descobriu o quão longe a bola de gude pula de um segmento de rampa a outro. Neste projeto, a bola salta quando está fora da estrutura de torre. Então, usando a prateleira e alguns blocos, ele cria um sistema de ricochetear que manda a bola de gude de volta para a estrutura. Este é um trabalho que está em andamento, já que ele ainda precisa descobrir como conectar o próximo nível mais baixo com o final de seu caminho.

Em um exemplo impressionante de experimentação *informada pelo erro,* KeAntre frequentemente solta a bolinha de gude de diferentes pontos conforme ele constrói. Ele usa os resultados observáveis para ajustar a colocação do próximo segmento do caminho.

O ensino de física para crianças de 3 a 8 anos **75**

22 KaNeisha e KeAntre (que não aparece), crianças do 3º ano, descobriram uma resposta para o desafio de seu professor de usar muitos segmentos de rampa em uma área pequena.

23 Tana, do 3º ano, observa uma bola de gude atravessar a sua complicada espiral quadrada. Uma queda em cada curva da estrutura força a bola a fazer curvas em ângulo reto conforme percorre o caminho abaixo.

24 Esta estrutura incomum (com mais de 1,50 m de altura) é inteiramente construída com blocos iguais (tipo tijolo). A ampliação mostra como cada calço é cuidadosamente colocado alternado para que a bola de gude caia para frente e para trás por todo o caminho até o final. Embora não possa ser visto na fotografia, na base da estrutura de rampa a bola rola para fora do túnel, chegando ao chão.

4 Dez princípios de ensino
Trabalhando com crianças em atividades com rampas e caminhos

Piaget inspira diretamente as nossas concepções sobre como trabalhar com as crianças de modo geral e especificamente durante as atividades com rampas e caminhos. Ele apontou que "métodos ativos [...] requerem que toda nova verdade a ser aprendida seja redescoberta ou, ao menos, reconstruída pela criança, e não simplesmente transmitida a ela" (1948/1973, p. 15-16). Ele também enfatizou o papel do professor como mentor:

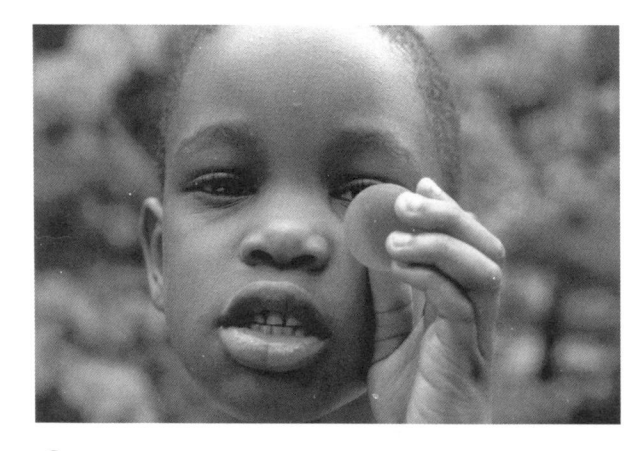

> É obvio que o professor como organizador se mantém indispensável a fim de criar as situações e construir os dispositivos iniciais, que apresentam problemas úteis às crianças.
> [...] O que é desejado é que o professor deixe de ser um conferencista, satisfeito em transmitir soluções prontas e acabadas; seu papel deveria ser o de um mentor estimulando iniciativa e pesquisa. (p. 16)

Os dez princípios de ensino a seguir expressam a nossa interpretação das ideias gerais de Piaget sobre como as crianças pensam e aprendem melhor. Esses princípios construtivistas foram desenvolvidos com a proposta abrangente de promover a construção de relações mentais pelas crianças, não apenas para desenvolver seus conhecimentos, mas também para aumentar seu poder de raciocínio (isto é, sua inteligência).

Os dez princípios

1. Explorar materiais para experimentar desafios e oportunidades de aprendizado.
2. Motivar o interesse das crianças introduzindo materiais intrigantes, como rampas e caminhos.
3. Criar um ambiente que inspire as crianças a ter ideias e descobrir como fazer algo.
4. Permitir que as crianças experimentem suas ideias.
5. Observar as ações das crianças para entender/acessar seu raciocínio.
6. Intervir com questões e comentários para incentivar o raciocínio das crianças (construção de relações mentais).
7. Não insistir se a criança não responder a uma intervenção.
8. Dar suporte ao trabalho das crianças com representações e discussões sobre rampas e caminhos.
9. Integrar todas as áreas do currículo nas atividades com rampas e caminhos.
10. Incentivar a interação social.

1. EXPLORAR MATERIAIS PARA EXPERIMENTAR DESAFIOS E OPORTUNIDADES DE APRENDIZADO

Antes de introduzir as rampas às crianças, os próprios professores precisam explorar e experimentar os materiais para poder entender o quão interessantes eles podem ser, se tornar cientes das variáveis (inclinação, conexões, etc.) e pensar sobre quais relações mentais as crianças têm possibilidade de construir.

Quando os professores exploram primeiro entre eles mesmos, podem estabelecer problemas desafiadores para si mesmos e experimentar emoções similares às das crianças. Por exemplo, os professores podem ficar animados com a atividade, se questionar sobre novas possibilidades, construir hipóteses e querer testá-las para observar os resultados. Além disso, os professores irão experimentar desequilíbrio, uma vez observado um resultado inesperado, e passarão por um processo de equilibração, que os levará a um novo conhecimento (novas relações mentais).

Uma vez que os próprios professores fizeram experimentações, eles podem, então, planejar mais efetivamente possíveis intervenções (perguntas, sugestões ou desafios) para ajudar as crianças.

2. MOTIVAR O INTERESSE DAS CRIANÇAS INTRODUZINDO MATERIAIS INTRIGANTES, COMO RAMPAS E CAMINHOS

No momento da roda em grupo, o professor pode colocar um segmento de rampa nivelado no chão, com uma bola de gude parada no sulco, e perguntar: "Como eu posso fazer esta bola de gude se mover? Algum de vocês tem alguma ideia?". Geralmente as crianças possuem várias ideias. O professor pode demonstrar reconhecimento às crianças que querem compartilhar suas ideias, pedindo a elas que mostrem o que estão pensando.

Algumas vezes, as ideias das crianças envolvem algo como soprar a bola de gude ou empurrá-la com a mão. Então o professor pode dizer: "Alguém pode pensar em outra maneira de fazer a bola se mover, sem empurrá-la ou soprá-la?". Se as crianças não tiverem novas ideias, o professor pode dizer: "Eu tenho uma ideia" e levantar uma extremidade da rampa, fazendo a bola rolar. Isso comunica o que uma inclinação pode fazer e como esses materiais podem ser usados.

Quando as crianças começam a ter ideias, o professor deve colocá-las em atividade assim que possível: "Eu vejo que vários de vocês têm ideias e querem experimentá-las. Teremos essas rampas durante o horário de atividade, para que todos possam testar suas ideias". Se muitas crianças quiserem trabalhar com o material das rampas ao mesmo tempo, o professor pode sugerir que façam uma fila ordenada, para que não se atropelem e garantam que cada um tenha a sua vez.

O professor pode introduzir rampas e caminhos durante o horário de atividade construindo uma rampa simples sobre a mesa ou no chão em uma área aberta. As crianças geralmente ficam intrigadas quando seu professor se envolve nas atividades (e é emocionante ver uma bolinha de gude descer por uma rampa e rolar pela mesa, ou cair em um recipiente). O professor pode imaginar maneiras de construir estruturas de rampa e se perguntar alto, para o benefício das crianças: "Eu me pergunto se posso soltar a bola em uma cesta" ou "Eu me pergunto como poderia fazer minha bolinha de gude ir mais longe", e então convidá-las a participar: "Vocês podem me ajudar?".

Uma vez que as crianças começam a experimentar suas ideias, o professor deveria dar um passo para trás e deixá-las assumir o controle da atividade, ainda oferecendo suporte quando for preciso. (Notamos que algumas vezes é difícil para os adultos entregarem uma atividade interessante às crianças. Os professores frequentemente ficam tão animados sobre a física do que estão aprendendo que é difícil que evitem tomar o controle ou direcionar a experimentação das crianças!)

3. CRIAR UM AMBIENTE QUE INSPIRE AS CRIANÇAS A TER IDEIAS E DESCOBRIR COMO FAZER ALGO

As "ideias maravilhosas" das crianças – ideias que são novas a elas, especialmente em um cenário onde a criança é motivada a se indagar – são a essência do desenvolvimento intelectual (Duckworth, 2006). Duckworth explica que ideias maravilhosas "não precisam necessariamente parecer maravilhosas para o mundo de fora" (2006, p. 14). Um requisito fundamental é a confiança: "Ter confiança em suas ideias não significa 'eu sei que as minhas ideias estão certas'; mas sim 'eu desejo experimentar a minha ideia'" (2006, p. 5).

Boas atividades de conhecimento físico que atendem aos critérios discutidos no Capítulo 2 servem como um rico contexto para inspirar ideias maravilhosas. Nossas experiências com rampas e caminhos nos convenceram de que a maioria das crianças se sente intrigada pela ideia de fazer uma bola de gude descer por uma inclinação e pela construção de estruturas de rampas cada vez mais complexas. Elas também se intrigam com os problemas que encontram, e seu interesse as faz querer investir tempo e energia para descobrir como resolver tais problemas.

A teoria de Piaget, somada a nossas observações em sala de aula, nos convenceram de que as crianças estão mais propícias a terem ideias maravilhosas quando podem escolher uma atividade do que quando são direcionadas a uma. Por isso, defendemos a possibilidade

Boas atividades de conhecimento físico

intrigam as crianças a descobrir como algo acontece.
O que acontece deve ser:

- produzível
- imediato
- observável
- variável

de escolha (ver DeVries e Zan, 1994; Piaget, 1932/1965). Professores novos na educação construtivista frequentemente se perguntam como dar opções de escolha sem instaurar um caos improdutivo. O controle de várias atividades diferentes ao mesmo tempo é um processo complexo que envolve comunicar algumas expectativas básicas, como limites para o uso dos materiais (p. ex., "Tomem cuidado com as suas rampas, para não acertar a cabeça de ninguém" ou "Não coloquem as bolinhas de gude na boca") e formas de negociar materiais desejados (p. ex., "Quando você acabar de usar essa bolinha, posso usá-la?" ou "Posso rolar a minha bola de gude pela sua rampa?" ou "Posso construir uma rampa ao lado da sua?"). Tais expectativas são os limites dentro dos quais cada criança pode fazer sua escolha.

As realidades de promover uma atmosfera sociomoral de cooperação descritas no Capítulo 2 envolvem a situação total, física e interpessoal, de uma sala de aula ativa. Se o momento de atividades diversificadas (escolhidas pelas crianças) se transforma em caos, o professor construtivista para todas as atividades, junta todas as crianças para uma reunião de classe, discute a situação improdutiva e extrai das crianças ideias para fazer esse formato funcionar. Criar um ambiente que inspira as crianças a ter ideias maravilhosas apenas pode ser alcançado ao longo do tempo, conforme professores e crianças aprendem a trabalhar juntos respeitosamente.

Levar adiante ideias maravilhosas com rampas e caminhos requer um espaço físico suficiente para várias crianças trabalharem ao mesmo tempo. Experimentações com rampas simples e caminhos longos requerem um espaço bem grande e aberto.

Algumas vezes leva-se mais de um dia para construir uma estrutura de rampas complexa, e as crianças frequentemente querem deixá-las montadas até o outro dia. Se tal espaço não pode ser dedicado para deixar a estrutura montada, o professor pode mostrar respeito por uma ideia maravilhosa tirando uma fotografia ou fazendo um desenho que satisfaça o desejo da criança por permanência. Conforme as crianças ganham respeito umas pelos trabalhos das outras, elas podem até se tornar capazes de se sentarem cuidadosamente em volta das estruturas durante o momento da roda em grupo. Na classe do 2º ano do ensino fundamental da Escola Freeburg, as crianças criaram uma regra da sala na qual uma rampa poderia permanecer enquanto alguém estivesse trabalhando com ela, mas, uma vez terminada, ela teria até dois dias para ser desmontada.

Um ambiente sociomoral cooperativo encoraja as crianças a estarem confiantes sobre experimentar suas ideias. Promover o desenvolvimento da autonomia intelectual das crianças (autorregulação) é a meta. Fazer muitos elogios indiscriminadamente (p. ex., comentários gerais como "Bom trabalho!" ou "Você é tão esperta!") mantém as crianças em uma atitude dependente, querendo agradar o professor e focando em tal avaliação.

Valorizar o que uma criança faz lhe dá suporte, especialmente quando ela quer compartilhar algo ("Venha ver!" ou "Oh, eu consegui!"). As crianças têm um desejo natural de compartilhar a alegria que sentem e querem ser reconhecidas. Comentários específicos (p. ex., "Olha o que você consegue fazer!" e "Você descobriu como fazer a bola de gude ir muito longe!") promovem persistência, esforço e autossatisfação da criança.

4. PERMITIR QUE AS CRIANÇAS EXPERIMENTEM SUAS IDEIAS

Apenas ter "ideias maravilhosas" não é suficiente. As crianças precisam ter oportunidade de experimentar suas ideias – mesmo aquelas que o professor, com seu conhecimento adulto, sabe que não vão funcionar ou estão incorretas. Até as ideias erradas são o resultado dos esforços da inteligência da criança para descobrir algo. Como discutido no Capítulo 1, é por meio do processo da experimentação de ideias incorretas que as crianças encaram contradições e a percepção de que precisam mudar o que estão fazendo e, por sua vez, revisar seu raciocínio (isto é, elas devem formar novas *relações mentais*). Um dos objetivos básicos das atividades de conhecimento físico é que em algum ponto as crianças confrontem suas ideias erradas e sejam motivadas a modificá-las. Por exemplo:

> Antes que Jaylin, de 3 anos, entendesse a relação entre o sentido de uma inclinação e o sentido que a bola de gude percorrerá, ele posicionou uma extremidade de um segmento de rampa em um recipiente e esperou que a bola de gude subisse pela rampa, entrando no recipiente. Porém, quando ele colocou a bola na rampa, ela rolou para baixo – no sentido oposto à sua expectativa. Seu olhar de surpresa informou ao professor que ele estava experimentando uma contradição.

Em tal situação, é melhor que o professor compartilhe da perplexidade da criança: "Eu me pergunto, por que ela rolou naquele sentido? O que mais você pode tentar?".

Por meio de um ciclo recorrente de experimentar ideias, observar os resultados, modificar tais ideias e tentá-las novamente, as crianças irão, finalmente, rejeitar suas ideias incorretas e construir cada vez mais conhecimento que expressa adequadamente como o mundo físico realmente funciona. O exemplo que segue ilustra como esse processo de experimentação informada pelo erro ocorre:

> Tentando fazer uma bola de gude rolar por um caminho semicircular (ver Fotografia 26), KeAntre foca cada vez no ponto do trajeto em que sua bola sai do caminho, caindo no chão. Uma observação cui-

26 Para construir esta estrutura muito precisa, KeAntre passou por um extenso ciclo de levantamento de hipóteses, experimentação de ideias, observação e modificação de suas hipóteses.

dadosa o informa de que a curva precisa ser mais gradual nesse ponto. Ele move o segmento de rampa suavemente para diminuir a curva e libera a bola de gude novamente. Mais uma vez, a bola cai do caminho. Ele move o segmento de rampa levemente para diminuir mais a curva. Dessa vez a bola rola sem problemas pela conexão, indo para o próximo segmento de rampa.

Durante esse trabalho, cada erro foi uma fonte para novas informações que levaram KeAntre a novas hipóteses e novos ajustes, testando a relação mental que tinha criado entre a curva da estrutura e o movimento da bola de gude.

Experimentação informada pelo erro não é a mesma coisa que tentativa e erro aleatórios. Tentativa e erro aleatórios significa realizar uma série de mudanças arbitrárias, enquanto experimentação informada pelo erro significa fazer mudanças baseadas em informações relevantes dadas pelos resultados de experimentações anteriores. KeAntre continuou a usar os resultados de sua experimentação para concluir a sua estrutura semicircular.

5. OBSERVAR AS AÇÕES DAS CRIANÇAS PARA ENTENDER/ACESSAR SEU RACIOCÍNIO

Antes de fazer perguntas às crianças, o professor construtivista observa o que elas estão fazendo e tenta entender/acessar como estão raciocinando. As ações das crianças podem refletir suas hipóteses e, dessa forma, fornecem dicas de seu raciocínio. Quando o professor baseia suas perguntas em observações, é mais provável que esteja seguindo a linha de pensamento da criança e, assim, promovendo o seu progresso.

Até mesmo professores construtivistas com mais experiência algumas vezes se esquecem de observar cautelosamente antes de fazer uma pergunta. Eles se confrontam com a inadequação de sua intervenção quando a criança os ignora ou abandona a atividade. Um de nós já teve essa experiência:

> Christina está interagindo com Ty, de 3 anos, enquanto ele constrói uma rampa horizontal (um segmento de mata-junta nivelado, com as extremidades apoiadas em dois blocos). Ele coloca a bola de gude na rampa e a empurra, de forma que ela rola até uma extremidade e cai no chão. Como o objetivo de Christina é ajudar Ty a aprender sobre inclinação, ela pergunta: "O que você pode mudar para que não tenha que empurrar a bolinha de gude?" (Esta, a propósito, seria uma pergunta muito boa em várias circunstâncias; nesse caso, entretanto, não é). Primeiramente, Ty simplesmente ignora Christina. Quando ele não responde, ela pergunta novamente. Ele a ignora mais uma vez. Depois que ela pergunta pela terceira vez, Ty se levanta e abandona a atividade.

Conforme Christina refletia sobre a sua intervenção ineficiente, ela se lembrou que naquele mesmo dia, mais cedo, Ty estava fazendo rampas inclinadas, nas quais ele soltava a bola de gude e a observava descer a ladeira. Se ela não estivesse tão focada em seu objetivo sobre inclinação, ela poderia ter se lembrado das ações que Ty teve mais cedo e ter feito mais esforço para observá-lo de perto agora – em outras palavras, tentar descobrir sobre o que ele estava pensando e o que ele estava tentando fazer.

Se ela tivesse feito aquilo, em vez de fazer tal pergunta, Christina poderia ter feito um comentário como "Eu notei que mais cedo você estava soltando a bola de gude em uma ladeira, e agora está soltando-a em uma rampa nivelada". Esse comentário poderia ter incentivado Ty a comparar os resultados de suas duas diferentes ações. Intervir de tal forma teria sido baseado em suas observações das ações atuais de Ty e na tentativa de descobrir o que ele estava pensando. O comentário poderia tê-lo estimulado a fazer uma conexão mental sobre algo que já estava fazendo e o interessou. Mas a pergunta de Christina "O que você pode mudar para que não tenha que empurrar a bola de gude?" foi baseada no seu próprio objetivo. Não apenas falhou em conseguir o resultado que ela queria, como também acabou completamente com o raciocínio de Ty, e ele abandonou a atividade.

O professor considerará especialmente útil observar para encontrar sinais de sentimentos de contradição das crianças quando o resultado de suas ações não é o que esperavam. Por exemplo, quando elas sobrepõem pedaços de rampa esperando que a bola de gude atravesse a conexão. Se uma criança parecer surpresa quando a bola para ou cai da rampa por causa de uma sobreposição imprópria (ver Fotografia 11 e foto ao lado), o professor sabe que ela está experimentando uma contradição entre a sua expectativa e o resultado observado. Tal contradição confronta a criança com um problema. Se ela está altamente interessada na atividade, o desejo de resolver esse problema a motivará a fazer ajustes nos dois segmentos de rampas, refletindo suas relações mentais modificadas.

Certas vezes, apenas a observação não é suficiente para se saber com certeza como uma criança está raciocinando. Professores construtivistas intervêm com uma avaliação em mente. Perguntas que o professor pode fazer para descobrir mais sobre o que a criança sabe incluem:

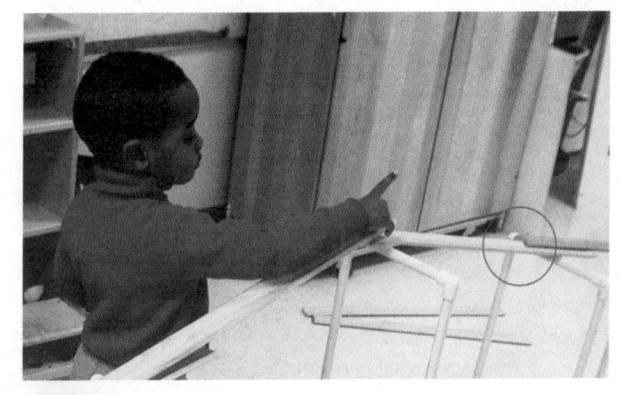

"O que você está tentando fazer com a bola de gude?"
"Mostre-me com o seu dedo como a bola de gude se moverá."
"O que você teria que fazer para que a bola de gude percorresse todo o caminho, até a parede?"
"Há algo que você possa mudar para que a bola...?"

Depois de entender o que e como a criança pensa, o professor pode intervir mais efetivamente.

Segurança com rampas

A introdução do trabalho com rampas e caminhos junto às crianças deve incluir uma discussão sobre as formas seguras de usar os materiais. Em nossa experiência, focar as crianças desde o começo no uso dos segmentos de mata-junta apenas como rampas e na construção de trajetos, geralmente evita seu uso de maneiras perigosas.

Geralmente, as crianças se tornam tão interessadas em construir rampas que não querem usar a mata-junta de outra forma. Certa vez, uma criança de 3 anos fingiu que o segmento de rampa era uma arma, então sua professora apenas a lembrou de que "armas podem machucar as pessoas, por isso não as temos na escola". Quando Calvin estava andando com um grande segmento de rampa debaixo do braço, com o perigo de acertar alguém acidentalmente, nós o lembramos de "prestar atenção onde estão as duas extremidades". Algumas vezes os professores sugerem que as crianças segurem os segmentos de rampa verticalmente na frente de si mesmas quando estiverem transportando-os de um lugar para outro. (Até mesmo carregar as rampas pode ser uma oportunidade de se descentrar e pensar sobre as duas extremidades da rampa ao mesmo tempo, como fez Ellen, na Fotografia 9.).

Quando as crianças querem construir estruturas mais altas que elas próprias, ou se envolvem em outros comportamentos potencialmente perigosos, os professores podem reuni-las para discutir precauções de segurança. O professor pode dizer: "Estou preocupado que alguém possa se machucar ao fazer aquilo. Como podemos fazer isso de forma segura?". Durante uma discussão como essa, as crianças sugeriram que usassem um pequeno banco e o professor concordou em ficar por perto.

Pequenas bolas de gude e outros objetos pequenos podem ser perigosos ao serem usados com crianças menores. Nós advertimos aos professores de crianças que ainda colocam objetos na boca a apenas usar bolas de gude grandes e outros objetos que não passem pela garganta.

6. INTERVIR COM QUESTÕES E COMENTÁRIOS PARA INCENTIVAR O RACIOCÍNIO DAS CRIANÇAS (CONSTRUÇÃO DE RELAÇÕES MENTAIS)

As crianças podem seguir com as atividades com rampas e caminhos por conta própria; especialmente uma vez que o professor as motivou e intrigou (Princípio 2), elas veem possibilidades e têm ideias que querem colocar em prática. Algumas vezes, entretanto, a intervenção do professor pode fazer a diferença entre a criança abandonar a atividade, ou continuar a experimentar.

Quando uma criança não sabe o que fazer ou está muito frustrada porque não consegue solucionar um problema, uma intervenção do professor em forma de pergunta, comentário ou sugestão pode incentivá-la a continuar trabalhando sobre o problema. Frequentemente, as crianças pequenas ignoram as perguntas que requerem respostas verbais. Elas são mais aptas a responder perguntas que podem ser respondidas com ações. Por exemplo, quando perguntado "O que mais você pode tentar?", a criança pode responder mudando a sua estrutura de rampas.

Os comentários de Piaget sobre como ensinar foram poucos, mas ele via como definitivo o papel da intervenção do professor na promoção do raciocínio da criança:

> É importante que [vocês] ofereçam às crianças materiais e situações que as permitam avançar. Não é uma questão de simplesmente permitir que elas façam qualquer coisa. É uma questão de apresentar a elas situações que oferecem novos problemas, os quais se seguem a outros. Vocês precisam de uma mistura de direção e liberdade. (Evans, 1973, p. 53)

Esse conselho orienta os professores construtivistas conforme eles intervêm nas atividades das crianças. O professor construtivista intervém para focar o raciocínio da criança em algo que ela não havia pensado antes. Abaixo descrevemos cinco formas como os professores podem intervir durante as atividades com rampas e caminhos. (Ao mesmo tempo, advertimos que muitas intervenções podem acabar com o interesse da criança e fazer com que ela abandone a atividade.)

Perguntar por previsões

Depois que as crianças já têm certa experiência com rampas e caminhos, o professor construtivista pede a elas que façam previsões (isto é, ideias ou hipóteses sobre o que irá acontecer) para incentivá-las a buscar profundamente em seus conhecimentos e usá-los de forma nova. Conhecimento aprofundado requer um fundo de experiência com materiais que fornecem algumas bases para uma previsão. Professores construtivistas aprenderam que é inútil pedir às crianças que façam previsões em sua primeira exposição a um fenômeno físico. Sem terem tido experiência com o fenômeno, as crianças não têm base para fazer uma previsão sobre ele, e não ter ideias pode fazer a criança se sentir inadequada ou pressionada a dizer qualquer coisa, mesmo algo que não faça sentido. Como discutido no Capítulo 1, o sentimento de inadequação enfraquece a confiança da criança em sua habilidade de raciocinar e experimentar.

Entretanto, uma vez que elas tenham experiência, o professor construtivista pode perguntar variações de "O que você acha que vai acontecer se você...?".

A forma como as crianças agem sobre os objetos oferece dicas sobre suas expectativas ou previsões. Por exemplo:

> Carl, de 4 anos, já havia trabalhado com rampas por várias semanas quando construiu um extravagante caminho em zigue-zague ao final de sua rampa, no chão (ver Fotografia 27). Alegremente, ele grita para a sua professora (Christina): "Olha o que eu fiz!".
> Olhando para a estrutura, Christina fica surpresa ao ver que Carl espera que a bola de gude realize até mesmo a primeira curva com êxito. A partir de seus trabalhos anteriores, ela acreditava que ele já havia construído uma relação mental correta entre a inclinação de uma rampa e o movimento da bola de gude em linha reta. Christina percebe que Carl está tão encantado com seu caminho extravagante que ele nem, ao menos no momento da construção do caminho, pensou sobre o que já sabia anteriormente: que a bola de gude continua seguindo a mesma direção, a não ser que seja parada ou desviada.
> Christina poderia ter sugerido que ele simplesmente soltasse a bola de gude na rampa, e ele teria visto por si próprio que a sua ideia, apesar de bonita, não funcionava. Entretanto, nessa situação Christina faz um esforço para ajudar Carl a antecipar uma contradição à sua expectativa. Antes que ele solte a bolinha de gude, Christina pergunta: "Você pode me mostrar com o seu dedo por onde a bola de gude passará?". Carl traça o caminho usando seu dedo para representar a bola de gude, mas, assim que chega à primeira curva, ele para. Então, ele percebe que a bola de gude não será capaz de realizar a curva.
> Imediatamente ele reorganiza o caminho inteiro alinhando todos os segmentos em uma linha reta através da sala, até a parede. Como ele ainda tem segmentos de mata-junta sobrando, ele continua o caminho fazendo um ângulo reto na parede e o estendendo ainda mais!

27 A inspiração de Carl foi a imagem de sua bola de gude rechicoteando pelas curvas de seu caminho e se lançando no final da rampa!

Esse exemplo ilustra que as crianças podem repetir o mesmo erro muitas vezes durante o processo de construção de uma relação mental, talvez com cada novo problema que encontrem. Problemas novos algumas vezes forçam as crianças a fazer a mesma relação repetidamente até que o conhecimento se torne sólido. Quando Carl percebeu que seu caminho em zigue-zague não funcionaria, ele o endireitou. Entretanto, quando não havia mais espaço para a sua linha reta, ele fez outra curva!

Assim, está claro que Carl ainda não se convenceu de que uma bola de gude continua na mesma direção até que algo interfira. Uma vez que o conhecimento da criança se solidifica, ela consegue antecipar o que irá acontecer e prevenir problemas.

Sugerir novas possibilidades de experimentação

As crianças frequentemente se *autodesafiam* a fazer algo específico acontecer. Mas até quando elas têm ideias, os professores podem dar sugestões também. Por exemplo:

> Amy, de 4 anos, está repetidamente soltando a bola de gude em sua rampa. Seu professor acredita que tal atividade declinou em uma situação em que ela não raciocina. Então ele pergunta: "Você acha que consegue fazer a bola de gude rolar por todo o caminho até a parede?".

Nesse caso, o professor espera que a criança explore as alturas dos suportes e pense sobre a relação entre a inclinação da rampa e a distância que a bola de gude irá percorrer.

Uma intervenção bem-sucedida pode renovar o interesse da criança em um problema de forma que ela continue a pensar sobre novas ideias por conta própria. O objetivo do professor construtivista não é que a criança siga a sugestão por complacência ou apenas para agradá-lo, e sim que ela invista o máximo de suas energias na atividade. Como descrito no Capítulo 2, isso ocorre somente quando a criança busca a experimentação por um interesse pessoal e com alguma intenção.

Ajuda para a compreensão das leis do movimento:

- NSTA Web Seminar, "Force and Motion: Stop Faking It!" http://learningcenter.nsta.org/
- *Force & Motion: Stop Faking It! Finally Understanding Science So You Can Teach It*, by W.C. Robertson (National Science Teachers Association, 2002)
- Computacional Science Education Reference Desk (CSERD), "Bounce" activity www.shodor.org/
- The Physics Classroom www.physicsclassroom.com/Class/newtlaws

— Peggy Ashbrook

A sugestão de novas possibilidades também pode ser feita providenciando materiais adicionais para enriquecer o que a criança já está fazendo.

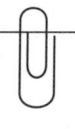

> Em uma sala inicial, Christina pergunta a três crianças se elas gostariam de ver o quão longe seus carrinhos andariam após descer suas rampas. Ela cola uma tira de papel de calculadora no chão para que elas consigam marcar onde cada carrinho irá parar. Como as crianças não estão pensando experimentalmente, elas não pensam em modificar a inclinação da rampa. Então Christina pergunta: "O que vocês podem fazer para o carrinho ir mais longe?" (Uma questão que sugere a produção de um efeito em particular).
> Como parece que as crianças ainda não têm ideias sobre o que fazer, Christina intervém novamente. Ele pega alguns blocos da prateleira e sugere que elas podem usá-los para tentar deixar o suporte mais alto. A ideia leva a um envolvimento e experimentação intensos para ver os efeitos de diferentes quantidades de blocos como suporte nas distâncias percorridas pelos carrinhos.

Tal sugestão tão específica deve ser feita raramente, apenas quando as crianças não demonstram ter ideias próprias e precisam de um catalisador.

Oferecer soluções possíveis também é uma intervenção legítima quando a criança está bastante frustrada. O professor pode dar dicas – incluindo algumas incorretas – para estimular um novo interesse e preservar a autonomia da criança (autorregulação) no pensamento sobre possibilidades. Geralmente, entretanto, quando a criança está frustrada, basta que o professor expresse simpatia com seus esforços e compreensão sobre o que a criança está tentando fazer.

Aqui há outro exemplo, mostrando como as crianças podem aceitar uma sugestão do professor e criar uma nova relação mental generalizada, que vai além do que o professor tinha em mente:

> Depois de vários anos de experimentação com rampas e caminhos usando grandes espaços, a maioria das crianças do 2º ano do ensino fundamental de Beth Van Meeteren havia construído uma rede de complexas relações mentais sobre movimento. Beth queria ampliar as propostas de suas crianças com novos desafios, animadores e mais complexos. Para isso, demarcou retângulos estreitos no chão, cada um com cerca de 30 cm de largura e 1,40 m de comprimento, que eram um pouco mais compridos que os segmentos de rampa mais longos. Então ela deu às crianças dois segmentos com 1,20 m de comprimento e disse: "Eu tenho um desafio para vocês. Vocês conseguem descobrir como usar os dois segmentos para fazer uma rampa dentro da área demarcada?".
>
> Depois que as crianças trabalharam por vários meses fazendo estruturas mais complexas dentro de áreas demarcadas, Olívia, uma criança do 2º ano, refletiu sobre as suas experiências: "Quanto menor o espaço, mais difícil é e se leva mais tempo para construir uma rampa. Quanto maior o espaço, é mais fácil e se leva menos tempo".

Ajudar as crianças a se tornarem mais conscientes do que fazem

Conforme as crianças perseguem suas ideias, elas frequentemente não notam algo que aconteceu como sendo o resultado de uma ação. Uma maneira pela qual o professor pode focar a atenção da criança é expondo a sua necessidade de entender melhor um problema (p. ex., dizendo: "Eu não vi em que ponto a bolinha de gude caiu, você poderia fazer de novo para que possamos observar cuidadosamente?"). Outra forma de deixar a criança mais consciente do que está fazendo é perguntar: "Como você fez aquilo?" ou "Você pode mostrar ao Michael como fez aquilo?".

As crianças também não estão sempre conscientes sobre tudo o que fazem, então algumas vezes é útil o professor descrever em voz alta o que elas estão fazendo. Por exemplo:

> Lúcio, de 5 anos, não parece estar prestando atenção ao fato de que está soltando a bolinha de gude cada vez de um ponto diferente da rampa, algumas vezes do topo, outras vezes do meio. O professor aponta isso em voz alta para ele, dizendo: "Eu vi que da última vez você colocou a bola de gude no topo da rampa e dessa vez colocou no meio, bem aqui". Se Lúcio estiver atento, o professor pode seguir com uma pergunta para sugerir que ele faça uma comparação: "Funciona melhor do topo ou do meio? Acontece algo diferente?".

Pensar sobre tais comparações pode levar a criança a uma coordenação de duas ou mais relações mentais e, nesse caso, entre soltar a bolinha do topo e a distância percorrida, e soltá-la do meio e a distância percorrida.

Fornecer contraexemplos quando as conclusões das crianças contiverem pseudoconceitos

Algumas vezes as crianças tiram conclusões incorretas (p. ex., formam relações mentais incorretas entre variáveis) com base em evidências insuficientes. Por exemplo:

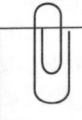

> Uma criança do 2º ano de Beth Van Meeteren concluiu que as bolas de gude sempre rolam rampa *abaixo*. Beth diz à criança: "Uma vez eu vi uma criança fazer uma bola de gude subir rampa *acima*. Como você acha que isso pode acontecer?".

Tal contrassugestão provavelmente intrigará a criança e motivará uma nova experimentação e modificação de ideias. Piaget (1973, p. 23) aconselhou:

Os professores deveriam selecionar materiais que fazem com que a criança se torne consciente de um problema e busque uma solução por conta própria. E se ele for muito genérico, fornecer materiais adicionais em que contraexemplos o orientem a ver onde deve aperfeiçoar a sua solução. Ela deve aprender a partir dos materiais.

Declive

Uma superfície inclinada – Um *caminho* é o termo usado para denominar um segmento de mata-junta. Se o caminho é inclinado, é chamado de *rampa*.

Incentivar as crianças a indagar sobre as causas físicas

A maioria das crianças pequenas não é capaz de explicar *por que* algo acontece. Em seu desenvolvimento cognitivo, elas precisam primeiro dominar o "saber como" do conhecimento prático antes de estarem aptas a considerar o porquê do conhecimento conceitual. Perguntar para crianças pequenas questões relacionadas aos "porquês" pode implicar que o professor espera uma resposta específica, podendo fazer com que a criança se sinta pressionada a ponto de abandonar a atividade.

Geralmente, a melhor abordagem é o professor comentar, por exemplo: "Eu me pergunto, por que a bola de gude daquela rampa vai mais longe do que a bola de gude desta?". Esse tipo de comentário em aberto deixa a criança livre para não responder, ao mesmo tempo motivando-a a indagar e pensar sobre a razão. Se a criança souber o porquê, provavelmente irá responder. Piaget (1973, p. 24) deu alguns conselhos sobre tal questão:

> Eu preferiria fazer perguntas que levam a uma tarefa prática e então, uma vez que a criança obtevê êxito, ir para a pergunta de como algo aconteceu.

Avaliação

O aprendizado das crianças pequenas geralmente é avaliado por meio de listas de verificação, que focam em comportamentos que podem ser facilmente quantificados: quantas letras do alfabeto a criança sabe, quais números ela consegue reconhecer, até quanto ela consegue contar, e assim por diante. Tais listas podem fornecer algumas informações importantes ao professor, mas apenas avaliam conhecimentos específicos das crianças.

As relações mentais que as crianças estabelecem também podem ser avaliadas observando-se comportamentos. Além disso, tais avaliações fornecem informações tanto da inteligência quanto do conhecimento.

Compreender as relações mentais que as crianças têm possibilidade de construir pode ajudar o professor a avaliar inteligência/conhecimento de uma maneira nova. Isto é, se o professor tem ideia de quais relações mentais a criança tem possibilidade de construir durante certa atividade, ele pode observar comportamentos durante esta atividade que indiquem se a criança construiu ou não a relação mental.

Por exemplo, digamos que uma criança posiciona um segmento de rampa em uma superfície nivelada, coloca uma bola de gude sobre ela, e aguarda esperançosamente que a bola se mova. O professor pode deduzir que a criança ainda não construiu uma relação mental entre a inclinação da rampa e o movimento da bola de gude. Digamos que a mesma criança, após algumas semanas de experiência com as rampas, passa sempre a criar uma inclinação no começo de um caminho. Para checar o entendimento da criança, o professor poderia colocar uma bola de gude em um segmento nivelado de seu caminho, e perguntar: "Por que você não começa soltando a sua bola de gude aqui?". Se a criança responder algo como: "Porque ela não conseguiria rolar", ele pode ter certeza de que agora ela construiu uma relação mental entre inclinação e o movimento de uma bola de gude.

Documentar comportamentos que indicam a construção ou a falta da construção de relações mentais é um método novo e potencialmente informativo de avaliação em qualquer área de desenvolvimento.

7. NÃO INSISTIR SE A CRIANÇA NÃO RESPONDER A UMA INTERVENÇÃO

Quando o professor intervém, as crianças precisam de tempo para refletir sobre suas ações e pensar sobre as possibilidades sugeridas. Algumas vezes a intervenção motiva o raciocínio da criança, mas em outras vezes não o faz. Em uma sala de aula com uma atmosfera sociomoral cooperativa que promove o raciocínio autônomo, as crianças são livres para ignorar ou rejeitar a intervenção oferecida pelo professor se não se sentirem interessadas. Se elas ignoram os comentários ou sugestões, o professor as deixa continuar seguindo suas próprias ideias.

Algumas vezes os professores e as crianças têm objetivos diferentes. Já que as crianças gastarão a maior parte de sua energia mental resolvendo problemas que estabeleceram para si próprias, o professor construtivista permite e as incentiva a seguir seus próprios problemas. Quando ele percebe que a criança não está interessada no que ele tem em mente, o professor deve repensar a sua ideia. Se ainda assim, decidir que é importante para a criança pensar sobre ela, pode introduzi-la em outro momento.

Por exemplo, se o professor quer que as crianças saibam que as bolas de gude sobem uma inclinação assim como a descem, pode começar uma discussão em uma reunião de classe fazendo a pergunta: "Uma bola de gude consegue subir por uma rampa sem ser empurrada?". As crianças geralmente discordam desse fato, e uma discussão pode motivar muitas delas a se dedicar ao problema.

8. DAR SUPORTE AO TRABALHO DAS CRIANÇAS COM REPRESENTAÇÕES E DISCUSSÕES SOBRE RAMPAS E CAMINHOS

Além de fazer algo acontecer que seja *produzível, imediato, observável* e *variável*, um aspecto importante de uma boa atividade de conhecimento físico é a discussão e representação das crianças do conhecimento que constroem. No decorrer da discussão e representação, as crianças têm oportunidade de refletir, enriquecer seu conhecimento e compartilhar suas ideias com os outros.

Fotografia é uma excelente ferramenta para se capturar e salvar imagens das estruturas feitas pelas crianças. Os professores e as crianças podem tirar fotografias com uma máquina digital para serem exibidas em sala de aula, colocadas em um álbum, usadas pelas crianças para escreverem seus próprios livros, mostradas durante horários de grupo ou reuniões de classe para estimular discussões, ou usadas como uma documentação do trabalho das crianças.

Até que as crianças sejam capazes de escrever suas próprias legendas, seu professor pode escrever o que elas ditam ("Veja o que você está fazendo nessa foto. O que quer dizer sobre isso? Eu vou escrever o que você falar"). O professor compartilha a caneta com as crianças assim que possível. Dessa forma, elas têm oportunidade de criar a relação mental entre suas próprias palavras faladas e o texto escrito. Uma vez que as crianças se tornam interessadas no processo de escrita, podem começar a escrever suas próprias ideias com a ajuda do professor. Fotografias de seus trabalhos com rampas e caminhos podem fornecer conteúdos interessantes para um diário. A professora Sherri Peterson da Escola Freeburg fez um livro da classe com fotografias que os seus alunos de 3 anos consultavam quando precisavam de inspiração, conforme construíam novas estruturas de rampa.

Outra forma de dar suporte às discussões das crianças sobre seu trabalho com rampas é criando desenhos de estruturas de rampa completas. Por exemplo, seguindo a abordagem "professor como escriba" descrita por Jones e Reynolds (1992), os professores (ou voluntários, ou as crianças) podem esboçar um desenho das estruturas de rampa das crianças durante o horário de atividade. Tais desenhos não requerem um alto nível de habilidade artística; a criança desenhada com pauzinhos e linhas retas para representar as rampas e caminhos é o suficiente. Quando as crianças veem seu professor desenhar suas rampas, algumas vezes elas começam a criar suas próprias representações. Tais desenhos podem ser usados da mesma maneira que as fotografias.

A exposição dos painéis de documentação com os desenhos após o Tempo 1 (início da atividade) e Tempo 2 (desenho com as rampas mais elaboradas) feitos pelos professores ou crianças em sala de aula usando a abordagem de Reggio Emilia (Edwards, Gandini e Forman, 1998), fornece um forte registro do progresso das crianças. Por exemplo, em *Developing Constructivist Early Childhood Curriculum* (DeVries et al., 2002), Rebecca Edmiaston discute como o *webbing*, que é o mapeamento visual das ideias e relações mentais importantes feitas pelas crianças, pode ser uma ferramenta eficaz para estimular o diálogo sobre o que as crianças sabem. Tempo 1 e Tempo 2, *mapeados visualmente*, podem ser usados para se documentar o progresso das crianças. Ela também oferece outro exemplo: fazer livros de fotografias sem texto usando fotos em sequência das construções de rampas (Edmiaston, 2002). As crianças que não conseguem ler podem usar as fotos e os desenhos como referência para falar sobre as suas estruturas de rampa. São feitas várias cópias dos livros – para a biblioteca da escola, assim como para os autores levá-los para casa para compartilhar com suas famílias.

Outra abordagem interessante consiste em o professor ou as crianças escreverem listas com os pensamentos ou dúvidas que tenham sobre as rampas. Usando *webbings* ou listas, as crianças podem compartilhar ideias sobre as rampas, discutir pontos discordantes e identificar problemas que gostariam de explorar. Os desenhos e as fotos também podem ser o ponto de partida para discussões do que as crianças descobriram sobre as rampas. Conversas animadas geralmente emergem quando as crianças apresentam diferentes pontos de vista. Muitas vezes durante essas discussões, uma criança ou o professor coloca novos desafios para serem tratados no centro de rampas. Soluções para esses desafios podem ser retomados nos próximos momentos de grupo.

Essas são apenas algumas das formas possíveis de incentivar as crianças a discutir e representar seu trabalho com as rampas. Elas, junto com os professores em salas construtivistas, encontram oportunidades diárias para discutir e representar suas ideias maravilhosas.

9. INTEGRAR TODAS AS ÁREAS DO CURRÍCULO NAS ATIVIDADES COM RAMPAS E CAMINHOS

Atividades de física, como rampas e caminhos, são ricas em oportunidades de se incentivar e ensinar matemática, linguagem, literatura, estudos sociais e arte.

Matemática

Os materiais usados em rampas e caminhos naturalmente prestam-se ao raciocínio das crianças sobre relações mentais quantitativas envolvendo número, medida, geometria e tempo.

Piaget (1941/1952; Piaget e Inhelder 1948/1956) mostrou que as crianças criam relações mentais gerais *qualitativas* antes de as elaborarem em relações mentais específicas *quantitativas*. Aqui há alguns exemplos:

- Algumas relações mentais gerais qualitativas sobre os números (p. ex., "Você tem mais bolas de gude do que eu") são precursoras de relações mentais específicas quantitativas sobre os mesmos (p. ex., "Você tem quatro bolas de gude a mais que eu").
- Relações mentais espaciais qualitativas, como suportes de rampa *mais altos* e *mais baixos*, são precursores de medições específicas de "quanto" mais alto ou mais baixo.
- Relações mentais temporais qualitativas, como *perto de* ("Eu vou colocar esse segmento de rampa perto desse outro") e *fechamento* (ilustrado pelo espaço cercado da espiral quadrada mostrada na Fotografia 23, ao lado), são noções geométricas de conexão de linhas para formar ângulos e formas fechadas.
- Relações mentais temporais qualitativas, como *ordem* ("Primeiro a bola de gude passará por aqui, depois por ali e então cairá na cesta"), são precursoras de medições específicas no tempo do acontecimento dos eventos ("A sua bola de gude bateu na parede dois segundos antes da minha").

Assim, fazendo atividades com rampas e caminhos, as crianças têm possibilidades de se engajar no tipo de raciocínio matemático qualitativo que leva a aritmética quantitativa, medidas e geometria.

Linguagem

Oportunidades de desenvolver linguagem surgem naturalmente conforme as crianças conversam sobre suas rampas e caminhos. Algumas vezes elas têm ideias para as quais ainda não possuem palavras. Por exemplo:

> Enquanto Darnell, de 3 anos, usa uma grande caixa de plástico no final de sua rampa para pegar a bola de gude, prevê: "Essa grande irá sair". Ele quer dizer que espera que a bola de gude grande pulará para fora da caixa, diferentemente das menores usadas antes, que permaneceram dentro da caixa. Sua professora, Sherri Peterson, aproveita esse momento propício ao ensino para repetir a ideia de Darnell, utilizando um vocabulário mais amplo e estruturando a frase: "Você acha que a bola de gude grande irá saltar para fora da caixa?".

Os professores considerarão útil ter um vocabulário relacionado a ciências e matemática em mente para tais momentos quando eles surgirem (p. ex., *rampa, inclinação, íngreme, ricochetear, estabilizar, esfera*), assim como preposições que indicam posições (p. ex., *para cima, para baixo, sobre, abaixo, em volta, ao lado*) e adjetivos e advérbios de comparação (p. ex., *mais longo, mais curto, mais alto, mais baixo, mais devagar, mais rápido*).

Oportunidades de linguagem também surgem conforme as crianças expressam a gama de emoções que podem sentir quando suas rampas e caminhos funcionam ou não, conforme elas esperavam. Essa é uma chance para os professores introduzirem novas palavras como *feliz, triste, frustrado, satisfeito, desapontado, bravo, intrigado, satisfeito*, entre outras, usadas pelas pessoas para descrever sentimentos. Dessa maneira, as crianças melhoram seu vocabulário conforme reconhecem e rotulam suas emoções, aspectos importantes da regulação emocional.

Quando os adultos usam tais palavras, geralmente as crianças também começam a usá-las. Contudo, mesmo as crianças que usam essas palavras apropriadamente podem ainda estar passando pelo processo de construção de seus significados.

Alfabetização

Conforme observado no Princípio 8 (representações e discussões), os professores podem promover o desenvolvimento da alfabetização das crianças por meio do registro assistido da escrita, criando listas com o que as crianças sabem sobre rampas e caminhos, incentivando a escrita de desenvolvimento (em que a criança escreve do seu jeito, inventando a ortografia das palavras), e adicionando palavras a desenhos e fotografias. Tais atividades contribuem para o começo do aprendizado das crianças sobre leitura e escrita.

Perguntar às crianças o que elas querem dizer sobre uma única fotografia pode levar à criação de livros inteiros e, posteriormente, à escrita de narrativas pessoais sobre a construção de rampas e caminhos. A escrita auxiliada ou modelada pelo professor dá base para as ideias maravilhosas das crianças. Por exemplo, um grupo de três crianças de uma sala de 1º ano do ensino fundamental compôs a seguinte narrativa:

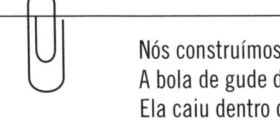

> Nós construímos uma rampa íngreme.
> A bola de gude desceu rapidamente.
> Ela caiu dentro da lata.

Na Escola Freeburg, a professora Gwen Harmon frequentemente sugeria que as crianças de 4 anos de sua sala escrevessem ou desenhassem sobre as suas experiências com rampas e caminhos em seus diários. Em grupo, as salas do 2º e 3º anos do ensino fundamental de Beth Van Meeteren completaram uma tabela sobre suas experiências com rampas e caminhos como um contexto de integração entre ciências e alfabetização. Conforme as crianças explicavam o que tinham descoberto, ela escrevia tais descobertas em um quadro branco e passava pequenas lições sobre o som e combinações das letras, grupos de palavras, pontuação, letra maiúscula e assim por diante. O interesse das crianças em suas atividades com rampas e caminhos geralmente leva a oficinas de escritores, nas quais elas querem registrar suas ideias sobre seus trabalhos.

Estudos sociais

As atividades com rampas e caminhos proporcionam ocasiões para se pensar como rampas de verdade ajudam as pessoas a fazer seu trabalho: um aspecto tanto de estudos sociais quanto de física. Por exemplo, a presença de uma criança que usa cadeira de rodas, andador ou muletas ajuda as outras crianças a se tornarem mais conscientes sobre as vantagens de rampas que levam de um andar a outro.

As crianças também podem ser incentivadas a observar outros tipos de rampas em sua comunidade, incluindo rampas em passarelas e entradas de garagens, rampas em rodovias e rampas em estacionamentos. Um caminhão de lixo aumenta o seu fundo para criar uma rampa, e uma caminhonete baixa a sua tampa traseira para formar uma rampa.

Na sala de 2º ano do ensino fundamental de Terry Anderson, em Kirkwood, Missouri, um projeto sobre máquinas simples incluiu a oportunidade de as crianças se revezarem empurrando outras em uma cadeira de rodas por uma rampa ao lado de sua sala de aula. Como a rampa corria ao lado de uma escada, isso as ajudou a reconhecer seu valor social prático, assim como sua função física. Tal projeto foi além, integrando alfabetização aos estudos sociais quando as crianças escreveram cartas (que começaram como cópias desleixadas e foram editadas pelos professores e estudantes para se criar os textos finais) que foram mandadas para diretores de prédios públicos perguntando se eles ofereciam entradas com rampas para o acesso de pessoas portadoras de deficiências.

Artes

Annete Swann, a especialista em artes da Escola Freeburg, notou que as estruturas construídas pelas crianças com rampas e caminhos dividem um mesmo terreno e são formas de escultura e arquitetura. Ela destacou que, assim como as rampas, a escultura e outras formas de arte envolvem conhecimento físico (crianças agem sobre materiais variados, descobrindo o que acontece e tentando produzir efeitos específicos) e representação. Elas também envolvem classificação (ver Fotografia 29), geometria (Fotografia 28) e tomada de perspectiva, assim como a expressão de pensamentos e sentimentos. Ambas, a escultura e a arquitetura, envolvem conhecimento físico (p. ex., conhecimento das propriedades da madeira, do metal, do concreto, etc.) e conhecimento de força e resistência, equilíbrio e estabilidade.

28 A concepção de KeAntre foi de uma estrutura arredondada com um caminho contínuo. Ele precisou construir relações mentais entre as linhas retas dos segmentos de mata-junta, os ângulos que permitiam que a bola de gude se movimentasse no caminho semicircular e os ângulos da inclinação, que descia gradualmente.

Primeiramente, as crianças experimentam a mata-junta em termos dos desafios de conhecimento físico da construção de rampas e caminhos bem-sucedidos. Depois, ao longo desse trabalho, elas aprendem que a mata-junta possui não só propriedades físicas, como também estéticas: *lisa, inflexível, com sulco, quadrada nas extremidades*. Depois de muita experiência com problemas de conhecimento físico, estudantes de 2º e 3º anos do ensino fundamental da Escola Freeburg estenderam seus objetivos a todo um sistema de relações mentais com um papel estético, que leva um sentido escultural e arquitetônico (ver Fotografias 21, 22, 23 e 24 de torres e espirais circulares e quadradas). As crianças envolvidas na resolução de problemas de conhecimento físico geralmente apreciavam os aspectos estéticos de suas belas estruturas e expressavam orgulho, satisfação e alegria com as suas criações.

Quando as crianças constroem estruturas tridimensionais, devem pensar sobre espaço, linhas retas e curvas, ângulos e padrões, que são aspectos da geometria. Em algumas estruturas, padrões são repetidos e promovem unidade. Tomadas como um todo, tais características geométricas podem ser pensadas como escultura ou arquitetura.

Da mesma forma que escultores e arquitetos consideram seus projetos de pontos de vista variados, as crianças também olham para as suas rampas e caminhos a partir de diferentes perspectivas espaciais: *topo* e *base*, *de frente* e *de trás*, *pelos lados* e, quando possível, *de dentro* e *de fora*. Quando duas ou mais crianças trabalham juntas para construir uma estrutura, também devem considerar os pontos de vista uns dos outros e coordenar ideias.

29 Olhando no sentido escultural e arquitetural, as crianças pensam sobre variadas relações de classificação, incluindo relações mentais entre a parte e o todo dos *designs* dos caminhos. KeAntre começou usando túneis no final do caminho. Então teve que pensar sobre como conectar cada parte para formar todo o caminho contínuo através das torres (veja também a Fotografia 22).

10. INCENTIVAR A INTERAÇÃO SOCIAL

Como observado no Capítulo 2, um elemento característico da educação construtivista são as interações cooperativas. Por interações cooperativas, queremos dizer as interações das crianças com seu professor, como também as suas interações com as outras crianças. A cooperação promove todos os aspectos do desenvolvimento. Piaget afirmou que "a vida social é uma condição necessária para o desenvolvimento da lógica" (1928/1995, p. 210). A cooperação é algo de valor não só porque o desenvolvimento social e moral são importantes, mas também porque as relações cooperativas são necessárias para o desenvolvimento intelectual ótimo.

Embora atividades de conhecimento físico como rampas e caminhos possam ser desenvolvidas de modo individual, elas geralmente engajam mais de uma criança na tentativa de descobrir algo. As crianças em geral têm ideias para experimentar a partir do que veem nas outras, e alegria e interesse são contagiosos. O professor também pode incentivá-las a observar o que as outras estão fazendo, o que inspira esforços para se tentar imitar e comparar resultados.

Crianças de 3 anos geralmente trabalham com rampas paralelas umas às outras. Ficam perto, porém não colaborando uma com a outra. Conforme elas ficam mais velhas, começam a compartilhar seus interesses quando constroem. A cooperação geralmente começa quando uma criança pergunta: "Posso colocar a minha bola de gude na sua rampa?". Observadores interessados geralmente se tornam participantes quando veem um problema e sugerem mudanças. Finalmente, a maioria das crianças quer colaborar no planejamento e na construção de estruturas porque acham estimulante e prazeroso trocar ideias com os outros. Entretanto, crianças de todas as idades gostam de trabalhar de forma independente para experimentarem suas próprias ideias.

O prazer de se trabalhar em grupo é um impulso para o desenvolvimento da compreensão interpessoal e de amizades. Essas, em troca, motivam as crianças a modificar comportamentos que interferem em suas relações (p. ex., agarrar, acumular, rejeitar) e a aprender comportamentos que impulsionam as relações (p. ex., compartilhar, ouvir, incluir). Quando o professor trabalha juntamente com as crianças, ele as incentiva a trabalhar umas com as outras.

> Os três elementos característicos da educação construtivista:
> - interesse
> - experimentação
> - cooperação

Certamente, algumas vezes conflitos interrompem as atividades com rampas e caminhos. Mas o desejo das crianças de voltar às suas experimentações as motiva a encontrar soluções para seus conflitos. Se elas não conseguem resolvê-los por conta própria, podem ser, sobretudo, receptivas aos esforços de mediações do professor. Atividades com rampas e caminhos fornecem bons contextos para se aprender a negociar e a compartilhar experiências. (Ver DeVries e Zan, 1994, para saber mais sobre como trabalhar com os conflitos das crianças.) Por meio de um processo de experimentação interpessoal – semelhante à experimentação com objetos físicos – crianças que são impulsivas, por exemplo, podem seguir para uma autorregulação emocional e intelectual. Conforme a criança interage com seus pares, ela observa as reações dos outros às suas ações. Se não obtém a reação que quer ou espera (*desequilíbrio*), pode ser motivada a tentar um comportamento diferente, na esperança de obter um resultado diferente.

Em geral, quando o comportamento de uma criança provoca uma reação negativa por parte de outra, isso pode sacudi-lo para fora de seu foco estreito centrado em seu próprio desejo. Esse "solavanco" pode tornar a criança consciente do desejo do outro, especialmente se acompanhado pela intervenção do professor. Essa consciência cria uma pequena abertura através da qual a criança tem uma oportunidade de sentir a necessidade de coordenar seu próprio desejo com o desejo da outra criança. Professores construtivistas querem que as suas crianças experimentem tal processo (*equilibração*) de construção de relações mentais, que são também emocionais e intelectuais, durante a resolução de conflitos.

Por exemplo, uma criança que arranca um segmento de rampa de outra sem dúvida irá experimentar uma reação negativa que pode surpreendê-la. Se o professor simplesmente falar para ela devolver a rampa, a criança pode obedecer (ceder), mas experimentará essa situação meramente como a frustração de um desejo pessoal. É provável que ela se foque no sentimento de raiva e não pense sobre os sentimentos e direitos da outra criança.

Um professor construtivista faz a mediação do conflito de forma que as duas crianças foquem uma nos desejos da outra e em descobrir como podem resolver o problema de forma que ambas fiquem satisfeitas e deixem o conflito com um sentimento de tê-lo resolvido.

O que se segue é um exemplo de uma resolução de conflito com crianças de 4 anos, mediado por Christina:

> Quando Christina ouve Will gritando: "Me devolve!", vai até eles e então os faz sentar de forma que um fique de frente para o outro.
>
> **Christina:** Eu vejo que vocês dois querem a mesma rampa. Eu posso ajudar?
> **Will:** Ela pegou a minha rampa. Eu estava com ela primeiro.
> **Piper:** Mas eu quero a rampa.
> **Christina:** Piper, olhe para o Will. Como você acha que fez ele se sentir quando tirou a rampa dele?
> **Piper:** (olha para o Will) Furioso.
> **Christina:** Está certo, Will? Você está se sentindo furioso? (Will confirma com a cabeça)
> **Christina:** Como você se sentiria se o Will tirasse uma rampa de você?
> **Piper:** Furiosa.
> **Christina:** Estaria certo se o Will tirasse a sua rampa de você?
> **Piper:** Não.
> **Christina:** Há algo que você poderia fazer para que Will não ficasse mais furioso e vocês dois teriam uma rampa? (Christina espera)
> **Will:** Piper poderia pegar uma rampa da prateleira.
> **Christina:** Piper, Will disse que você poderia pegar uma rampa da prateleira. Isso funcionaria?
>
> Piper concorda com a cabeça. Will vai até a prateleira, pega um segmento de rampa, e o entrega para Piper. Piper sorri e pega o segmento de rampa. As duas crianças estão satisfeitas e prontas para voltar ao trabalho com suas estruturas de rampa.

Algumas vezes quando os professores utilizam essa técnica, especialmente no começo, as crianças tapam seus ouvidos, viram de costas ou até mesmo se enrolam em posição fetal e não respondem. Quando isso acontece, o professor pode falar às crianças que irá resolver o problema quando elas estiverem prontas para conversar.

Crianças que estão muito bravas quando lhes perguntam: "Estaria certo se o Will tirasse a sua rampa de você?" podem responder dizendo que não se importam. Quando elas respondem de tal forma, o professor pode dizer: "Eu não acredito nisso. Acho que não iria querer que ninguém tirasse sua rampa de você". Na situação acima, Will e Piper estão querendo cooperar um com o outro porque se sentem seguros e respeitados na atmosfera sociomoral criada pelo professor, e confiam nele para ajudá-los a resolver o problema de uma forma que satisfaça os dois.

Quando os professores dedicam um tempo considerável para esse processo de resolução de conflitos, ajudando a resolver vários problemas no começo do ano, após alguns meses muitas crianças estarão resolvendo problemas interpessoais de forma independente. Dessa maneira, a autorregulação é construída gradualmente por meio de várias pequenas experiências durante um longo período de tempo, até mesmo durante uma vida.

* * *

O trabalho único das crianças com os materiais pode inspirar os professores a construir seus próprios significados para esses dez princípios e até mesmo ir além de elaborá-los os e inventar outros. Vimos muitos professores usando tais princípios no trabalho com as crianças em seu programa, e juntos conseguimos pensar em novas e maravilhosas ideias, as quais sozinhas nunca teríamos imaginado.

5 A história de Nani
(ou Um caso em que trabalhar com rampas e caminhos fez a diferença)

A transformação de uma criança, como resultado da aplicação dos princípios descritos neste livro por uma professora, criou uma impressão poderosa em todos nós da Escola Freeburg.

Nani era uma criança do 2º ano do ensino fundamental muito quieta e passiva, que estava bastante defasada em todas as áreas de conhecimento. A equipe de suporte de educação especial sugeriu que talvez Nani nunca progredisse academicamente. Sua professora, Beth Van Meeteren, decidiu trabalhar com Nani mais especificamente nas atividades de conhecimento físico. Beth ficou chocada ao notar que as estruturas de rampa de Nani nada mais eram do que cópias das estruturas de outras crianças e que ela não compreendia as relações mentais envolvidas:

> Beth coloca um segmento de rampa no chão com uma bola de gude sobre ela e pergunta a Nani o que ela faria para fazer com que a bola rolasse pelo caminho. Ela não responde. Sondando, Beth coloca a rampa nas mãos de Nani, cada mão segurando uma extremidade. Então coloca uma bola de gude no meio da rampa e pergunta: "O que você pode fazer para que a bola role até esta extremidade?". Respondendo com uma ação, Nani começa a levantar a rampa acima de sua cabeça, mantendo-a cuidadosamente na horizontal.

No raciocínio de Nani, a altura da rampa na horizontal faria a bola de gude se mover. Ela não havia criado a relação mental entre a inclinação e o movimento da bola.

> Notando que a bola se manteve no meio, Nani começa a abaixar a rampa. Nesse processo, ela inadvertidamente abaixa mais uma extremidade, e a bola de gude rola para a esquerda. Beth pergunta: "Oh, o que aconteceu? Como você fez com que ela rolasse para lá?". Nani dá de ombros. "Há alguma forma de fazer com que a bola role para a outra extremidade?". Novamente, Nani começa a levantar a rampa acima de sua cabeça, cuidadosamente mantendo-a na horizontal. Beth diz: "Não está rolando. O que está impedindo-a de rolar?". Nani não responde. Beth então coloca suas mãos sobre as de Nani, gentilmente levanta a extremidade esquerda e a bola rola para a direita. "O que aconteceu? O que fez ela se mover?" Nani se senta por um momento e mais uma vez levanta a rampa inteira.

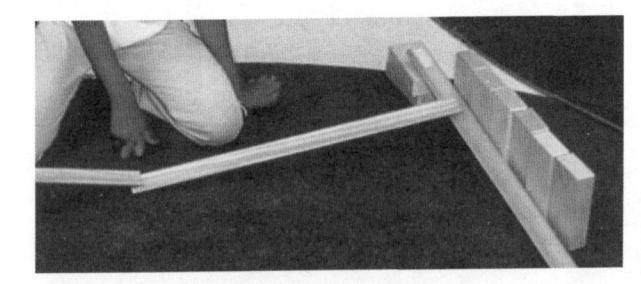

31 Conforme Nani construía rampas simples, ela também era capaz de descrever como estava fazendo para que a bola de gude rolasse.

Por várias vezes, Nani e Beth experimentaram rolar a bola de gude na rampa nas mãos de Nani, até que ela conseguisse descrever que quando levantava uma das extremidades mais alto, a bola rolaria para o outro lado.

Com a orientação da professora, Nani começou a construir rampas simples como a mostrada na Fotografia 31, e começou a descrever como fazia para que a bola de gude rolasse. Algum tempo depois, como mostrado na Fotografia 32, Nani construiu rampas e caminhos com curvas e vários segmentos. Finalmente, ela conseguiu construir uma rampa mais complexa dentro de uma área demarcada (Fotografia 33).

Nani progrediu academicamente. Ao final do 3º ano, o seu raciocínio (relações mentais) demonstrou uma inteligência crescente. Seu desempenho em leitura e em matemática melhorou. Ela começou a raciocinar sobre números adicionando "números mais difíceis" para obter "números mais fáceis" (p. ex., para adicionar 7+5+3 ela somava 7+3 dando 10, que é somado mais facilmente ao 5). Ela também criou uma relação entre adicionar dois números iguais e um fato bastante relacionado (p. ex., se 6+6=12, então 6+7 será 13 porque 7 é 1 número maior que 6, e 13 é 1 número maior que 12).

Antes do seu trabalho intensivo com rampas e caminhos, Nani era incapaz de compreender até mesmo informações literais de uma historinha ou conectar a história com eventos ou experiências de sua própria vida. Depois de construir relações mentais com as atividades de conhecimento físico, Nani começou a raciocinar sobre o que acontecia nas histórias, frequentemente refletindo a partir das ilustrações. Por exemplo:

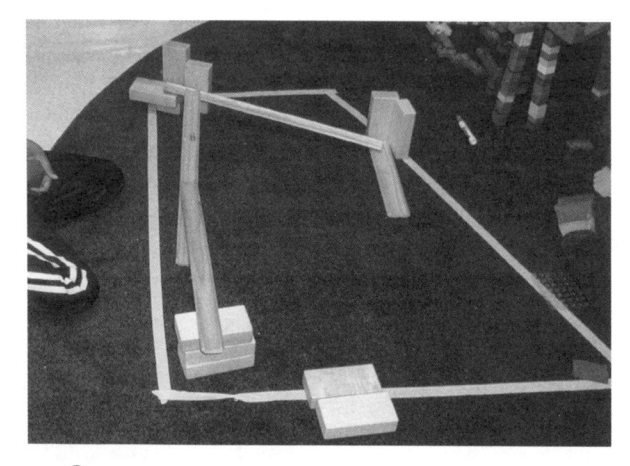

32 Mais tarde ela construiu rampas e caminhos com cantos.

Em uma sessão, Nani comentou sobre uma ilustração do livro que estava lendo. Ela nota o brilho do sol no topo de um *iceberg*. Beth a sonda, perguntando: "O sol não aparece nessa página. Se pudéssemos aumentá-la para ver o sol, onde ele estaria?". Nani aponta para o lado correto. "Como você sabe?" "Porque ele está brilhando desse lado do *iceberg*. Além disso, olha a sombra dos pinguins. O sol tem que estar lá para que as sombras estejam desse lado."

33 Finalmente, Nani conseguiu construir uma estrutura de rampa mais complexa dentro de uma área demarcada.

Assim, Nani construiu e coordenou relações espaciais entre objeto, fonte de luz e sombra.

Embora não possamos provar que o raciocínio avançado de Nani em alfabetização e matemática foi o resultado de seu trabalho de conhecimento físico, seu progresso milagroso não ocorreu até que ela construísse relações mentais corretas nas atividades de conhecimento físico.

Nota: Seu progresso é consistente com a pesquisa de Kamii (Kamii, Rummelsburg e Kari, 2005) sobre os efeitos positivos das atividades de conhecimento físico em resultados de testes aritméticos e com a noção teórica de que relações mentais se desenvolvem durante o curso das atividades de conhecimento físico.

Referências

Bredekamp, S., ed. 1987. *Developmentally appropriate practice in early childhood programs serving children from birth through age 8.* Expanded edition. Washington, DC: NAEYC.

Bredekamp, S., & C. Copple, eds. 1997. *Developmentally appropriate practice in early childhood programs.* Rev ed. Washington, DC: NAEYC.

Developmental Studies Center. 1996. *Ways we want our class to be: Class meetings that build commitment to kindness and learning.* Oakland, CA: Author.

DeVries, R. 1986. Children's conceptions of shadow phenomena. *Genetic, Social, and General Psychology Monographs* 112 (4): 479-530.

DeVries, R., & L. Kohlberg. 1987/1990. *Constructivist early education: Overview and comparison with other programs.* Washington, DC: NAEYC.

DeVries, R., & B. Zan. 1994. *Moral classrooms, moral children: Creating a constructivist atmosphere in early education.* New York: Teachers College Press. Edição em português: DeVries, R., & B. Zan. 1998. *A ética na educação infantil: O ambiente sociomoral na escola.* Porto Alegre: Artmed.

DeVries, R., & B. Zan. 1995. Creating a constructivist classroom atmosphere. *Young Children* 51 (1): 4-13.

DeVries, R., B. Zan, C. Hildebrandt, R Edmiaston, & C. Sales. 2002. *Developing constructivist early childhood curriculum: Practical principles and activities.* New York: Teachers College Press.

Dewey, J. 1913/1975. *Interest and effort in education.* Edwardsville, IL: Southern Illinois Press.

Duckworth, E. 2006. *"The having of wonderful ideas" and other essays on teaching and learning.* 3d ed. New York: Teachers College Press.

Edmiaston, R. 2002. Assessing and documenting learning in constructivist classrooms. In *Developing constructivist early childhood curriculum: Practical principles and activities,* eds. R. DeVries, B. Zan, C. Hildebrandt, R. Edmiaston, & C. Sales, 53-67. New York: Teachers College Press.

Edwards, C., L. Gandini, & G. Forman. 1998. *The hundred languages of children: The Reggio Emilia approach – Advanced reflections.* 2d ed. Westport, CT: Albex.

Evans, R.I. 1973. *Jean Piaget: The man and his ideas.* New York: Dutton.

Gilbert, L. 1984. *I can do it! I can do it! 135 successful independent learning activities.* Mt. Rainer, MD: Gryphon House.

Helm, J.H., & S. Beneke. 2003. *The power of projects: Meeting contemporary challenges in early childhood classrooms – Strategies & solutions.* New York: Teachers College Press; and Washington, DC: NAEYC.

Helm, J.H., & L. Katz. 2011. *Young investigators: The project approach in the early years.* 2d ed. New York: Teachers College Press; and Washington, DC: NAEYC.

Howes, C., & S. Ritchie. 2002. *A matter of trust: Connecting teachers and learners in the early childhood classroom.* New York: Teachers College Press.

Jones, E., & G. Reynolds. 1992. *The play's the thing: Teachers' roles in children's plays.* New York: Teachers College Press.

Kamii, C., & R. DeVries. 1978/1993. *Physical knowledge in preschool education: Implications of Piaget's theory.* New York: Teachers College Press.

Kamii, C., J. Rummelsburg, & A. Kari. 2005. Teaching arithmetic to low-performing, low-SES first-graders. *Journal of Mathematical Behavior* 24 (1): 39-50.

Katz, L.G., & S.C. Chard. 2000. *Engaging children's minds: The project approach.* 2d ed. Stamford, CT: Ablex.

Piaget, J. 1928/1995. *Sociological studies.* L. Smith, ed. New York: Routledge. (Original works published 1928-1964)

Piaget, J. 1932/1965. *The moral judgment of the child.* New York: Free Press.

Piaget, J. 1941/1952. *The child's conception of number.* New York: Norton.

Piaget, J. 1948/1973. *To understand is to invent.* New York: Grossman.

Piaget, J. 1952. *The origins of intelligence in children.* New York: International Universities Press.

Piaget, J. 1954/1981. *Intelligence and affectivity: Their relationship during child development.* Berkeley: University of California Press.

Piaget, J. 1964. Development and learning. In *Piaget rediscovered: A report of the Conference on Cognitive Studies and Curriculum Development,* eds. R.E. Ripple & V.N. Rockcastle, 7-20. Ithaca, NY: Cornell University Press.

Piaget, J. 1969/1970. *Science of education and the psychology of the child.* New York: Viking Compass.

Piaget, J. 1971/1974. *Understanding causality.* New York: Norton.

Piaget, J. 1973. Piaget takes a teacher's look. *Learning: The magazine for creative teaching* 2 (2): 22-27.

Piaget, J. 1974/1976. *The grasp of consciousness: Action and concept in the young child.* Cambridge, MA: Harvard University Press.

Piaget, J. 1975/1985. *The equilibration of cognitive structures: The central problem of intellectual development.* Chicago: University of Chicago Press.

Piaget, J. & R. Garcia. 1983/1989. *Psychogenesis and the history of science.* New York: Columbia University Press.

Piaget, J. & B. Inhelder. 1948/1956. *The child's conception of space.* New York: Norton.

Watson, M., & L. Ecken. 2003. *Learning to trust: Transforming difficult elementary classrooms through developmental discipline.* San Francisco: Jossey-Bass.

Índice

afetivo/afetividade. *Veja* interesse.
alvos. *Veja* variáveis.
Anderson, Terry, 104-105
Ashbrook, Peggy, 92
atividades de conhecimento físico, 20-21, 23, 48-49, 55, 57, 80, 83, 107, 111, 113-114
    características de boas, 48-49, 98
    tipos de, 48-49
    trabalho realizado sobre, 23-24
atividades "práticas", 19-20
atmosfera sociomoral, 51-52, 81, 97
    definição de, 51. *Veja também* cooperação; respeito.
autocontrole, autorregulação, 53, 82-83, 92-93, 106-108, 110
avaliação, 96
brincar, 24
caminho, definição de, 23-24, 60, 95
coercivo/controlador. *Veja* respeito.
compromisso, 20-24, 42, 101, 107
conexão mental. *Veja* relações mentais.
conexões. *Veja* variáveis.
construtivismo, teoria do, 3, 11, 19, 23
    trabalho realizado sobre, 23, 24
conteúdo de conhecimento, definição de, 39, 59-60. *Veja também* relações mentais.
contradição, 34, 46-47, 62, 64, 83, 86. *Veja também* desequilíbrio; expectativa.

cooperação, 36-37, 42, 51-54, 106-110. *Veja também* respeito.
currículo, 40, 44, 50, 54-56, 100
    alfabetização, 103-104
    artes, 105-106
    estudos sociais, 104-105
    linguagem, 101-102
    matemática, 100-101
dedução, 33-34, 58
desafio, 26, 42, 45, 75, 78, 93, 100, 105
descentração, 64, 87
desenhos de caminhos. *Veja* variáveis.
desequilíbrio. *Veja* experimentação.
Dewey, John, 24-25
Doolittle, Sharon, 17-21, 30, 34
Edmiaston, Rebecca, 99
educação construtivista/abordagem
    características de, 26-27, 30-31, 34-35, 40-43, 55-56, 77-110
    definições de, 29, 42-43, 106-108. *Veja também* cooperação; experimentação; interesse.
emoções, 41-44, 102
equilibração. *Veja* experimentação.
Escalada, Lawrence, 23
Escola Freeburg, 22-23, 27-28, 50, 82, 98, 103, 105, 111
escolha, 55, 80-81. *Veja também* respeito.

expectativa. *Veja* ideias das crianças incorretas/erradas. *Veja também* contradição.
experimentação, 33-35, 42-49, 51, 78-79
    definição de, 45-46
    desequilíbrio, 46-48, 108
    equilíbrio, 46-47
    equilibração, 46-48, 57, 108
    informada pelo erro, 47, 74, 83-84
física, 48, 50, 58
Fundação Nacional de Ciências (NSF), 22-23
Harmon, Gwen, 21, 103
hipótese, 30-31, 34, 84-85, 89
ideias das crianças
    "ingênuas", 18
    desrespeito às, 36-37, 52-53
    incorretas/erradas, 17-19, 30-37, 53, 82-83, 94
    maravilhosas, 80-81
    originais/espontâneas, 17, 29-32
    respeito/valorização, 17-19, 36-40
inclinação. *Veja* variáveis.
inteligência, definição de, 37-39, 58-60.
    Veja também relações mentais.
interesse, 42-45, 80, 89, 91-92
    extrínseco/intrínseco, 44-45
Kamii, Constance, 20, 114
mata-junta, 21-22, 26-27, 31, 58, 60, 62, 67, 85, 87, 90, 95, 105

memorização, 35-36
método científico, 48-49
movimento, 50
    Leis de Newton do, 35, 58
objetos. *Veja* variáveis.
Peterson, Sherri, 98, 102
Piaget, Jean, 18-21, 23-25, 29, 32-53, 58, 64, 71, 77, 80-81, 88, 94-95, 100, 107
    sobre desenvolvimento da personalidade/afetivo, 42-44
    sobre intervenção do professor, 88-89
    sobre relações adulto-criança, 52
    teoria de conhecimento ou inteligência, 37-42
    teoria do desenvolvimento intelectual, 42-43
preconcepções. *Veja* ideias das crianças "ingênuas".
processo de aprendizagem, 37-38, 47-48
professor construtivista
    características de, 23-24, 34-40, 44-46, 48-49, 51-56, 70-71, 80-81, 84-86, 88-90, 106-109
    como companheiro/guia/mentor, 52-54, 77, 79-80, 93-94
    como escriba, 99

    como experimentador, 78-79
    intervenções, 44-46, 52-54, 61, 70-71, 78-80, 83-89, 96-98
projetos de caminhos. *Veja* variáveis.
pseudoconceitos. *Veja* ideias das crianças incorretas/erradas.
    Leis de Newton, 35, 58
QI, 39
química, 48
rampas
    definição de, 23-24, 59-60, 94-95
Regent's Center for Early Developmental Education, 21-22
Reggio Emilia, 99
relações mentais, 39-52, 57-71, 77-78, 83, 88, 93-94, 96, 99-101, 105-106, 111-114
    avaliação de, 96
    classificação, 38-40, 58-59, 65, 105-106
    componentes afetivos, 42-46
    componentes cognitivos, 42-43
    definição de, 37-38, 46-47, 57
    dois aspectos de, 37-40, 58-60, 70-71. *Veja também* equilibração.
    seriação, 38-40, 58-60, 62-64
    solidificação de, 90-91

representação, 98, 105
respeito, 48, 52-55, 81-82
    versus coerção, 52. *Veja também* cooperação.
"Saber como". *Veja* conhecimento, prático *versus* conceitual.
    convencional, 34-35
    físico, 34-35, 105-106
    prático *versus* conceitual, 50-51, 58, 95
    profundo, 89
sala de aula
    gestão da, 80-82, 106-110
    materiais/configuração, 26-28, 80-82, 91-93
segurança, 87
suportes. *Veja* variáveis.
Swann, Annette, 105
tentativa e erro, 84
trabalho, 41-44. *Veja também* brincar.
Departamento de Educação dos Estados Unidos, 23
Van Meeteren, Beth, 35, 93-94, 103, 111
variáveis, 27, 38-40, 60-61, 71
webbing, 99